王兰　袁瑶　王彦博　郎子墨 ◎ 著

# 突发公共卫生事件
# 巨灾保险机制研究

TUFA GONGGONG WEISHENG SHIJIAN
JUZAI BAOXIAN JIZHI YANJIU

中国财经出版传媒集团
经济科学出版社
Economic Science Press

图书在版编目（CIP）数据

突发公共卫生事件巨灾保险机制研究／王兰等著
. —北京：经济科学出版社，2021.12
ISBN 978 - 7 - 5218 - 3131 - 3

Ⅰ.①突…　Ⅱ.①王…　Ⅲ.①公共卫生—突发事件—
保险机制—研究—中国　Ⅳ.①F842.61

中国版本图书馆 CIP 数据核字（2021）第 250144 号

责任编辑：李　军　谭志军
责任校对：蒋子明
责任印制：范　艳

**突发公共卫生事件巨灾保险机制研究**
王　兰　袁　瑶　王彦博　郎子墨　著
经济科学出版社出版、发行　新华书店经销
社址：北京市海淀区阜成路甲 28 号　邮编：100142
总编部电话：010 - 88191217　发行部电话：010 - 88191522
网址：www. esp. com. cn
电子邮箱：esp@ esp. com. cn
天猫网店：经济科学出版社旗舰店
网址：http://jjkxcbs. tmall. com
北京季蜂印刷有限公司印装
710×1000　16 开　10 印张　130000 字
2021 年 12 月第 1 版　2021 年 12 月第 1 次印刷
ISBN 978 - 7 - 5218 - 3131 - 3　定价：48.00 元
（图书出现印装问题，本社负责调换。电话：010 - 88191510）
（版权所有　侵权必究　打击盗版　举报热线：010 - 88191661
QQ：2242791300　营销中心电话：010 - 88191537
电子邮箱：dbts@ esp. com. cn）

# 前　言

新冠肺炎疫情的暴发是对整个社会的一次强烈冲击，给公众的生命安全和经济社会都带来了巨大挑战。2020年中国遭受的新冠肺炎疫情实质上就是一次突发性公共卫生事件。严重急性呼吸综合征（SARS）、新型冠状病毒肺炎疫情等突发公共卫生事件和地震、洪水、台风等多种自然灾害一样，发生概率小、带来的损失严重，给我国的经济社会造成了巨大影响。防范巨灾风险是我国高度重视的问题，是促进社会治理、保障公共安全必须考虑的重点领域。从数次巨灾风险发生的历史看，政府在抗灾救险中发挥了重要作用，本应履行分散风险、保障社会经济稳定职责的保险似乎作用微弱，此次新冠肺炎疫情的暴发更加反映了建立巨灾保险制度、发展巨灾保险来减轻政府举全国之力救灾的压力、增强风险管理能力、提高风险保障效率的必要性、迫切性。我国正在逐步探索巨灾保险制度建设。"国家治理体系与能力现代化"这一概念在中共十八届三中全会上被正式提出，大量的基础研究和顶层设计也在同步进行，中共十九届四中全会明确国家治理的一系列理论、原则、目标、要求和路径，中共十九届五中全会提出"建设韧性城市"的命题，并融入"十四五"规划中，突显在"国家治理体系与能力现代化"框架下巨灾风险治理和应急管理的发展[1][2]。因此从客观事实出发，思考暴发的新冠肺炎疫情这类公共卫生事件对我国的巨灾风险应急管理能力带来的挑战以及保险保障作用缺失问题，本书梳理巨灾风险、巨灾保险理论，探索构建中国特色的巨灾保险制度。

1

本书在公共产品理论、信息不对称理论、外部性理论、博弈理论的基础上，基于突发公共卫生事件巨灾保险的可保性、保险效应、供需分析以及发展现状和问题分析，总结国际巨灾保险制度建设的经验，得出有益的启示，运用演化博弈模型探讨巨灾保险的运行机制，研究在巨灾保险制度的建设中政府、保险公司、消费者三方主体的不同作用，并对三方主体在参与巨灾保险的博弈中行为策略变化影响其他主体的策略进行分析，研究结论如下：

（1）政府、保险公司、消费者三方主体参与巨灾保险意愿大小的变化对其他主体以及自身策略演化有影响。政府从整体上对巨灾保险发展做顶层设计，保险公司经营巨灾保险，消费者依据自身情况和外部条件选择是否投保巨灾保险。政府采取激励措施发展巨灾保险，良好的外部条件和环境增强保险公司经营巨灾保险的意愿，正向影响保险公司关于巨灾保险的决策。巨灾保险得到发展，市场中的消费者也能够从巨灾保险中获得可靠的人身财产安全保障，消费者获得巨灾保险这一公共产品带来的经济效益，进而正向影响消费者关于巨灾保险的决策。

（2）巨灾保险基金增大，保险公司参与巨灾保险的意愿越强，间接正向影响消费者投保巨灾保险的策略。巨灾保险基金投入的增大，政策支持力度加大，有利于巨灾保险制度的建立和发展，保险公司可以发展巨灾保险业务，提供更优质的产品和服务。同时，政府参与巨灾保险的管理，减弱市场经营巨灾保险的负外部性，给予信息不对称弱势方的消费者的经济效益以保障，消费者会选择了解甚至购买保险公司的产品，会正向影响消费者关于巨灾保险的决策。

（3）政府救灾投入的大小对消费者策略的影响最大，救灾投入越多，消费者越倾向于不投保巨灾保险。政府调拨财政支出应对巨大的风险损失，过多的救灾投入不利于巨灾保险的发展，打击保险公司经营巨灾保险的积极性。单个消费者面临巨大风险只能寻求政府的救助，政府救助投入越多，对未投保巨灾保险的消费者的经济溢出效应越大，不利于消费者树立以保险保障安全的意识，降低消费者对巨灾保险的需求。

（4）政府对投保巨灾保险消费者补贴的大小影响保险公司、消费者参与巨灾保险博弈的策略，对消费者补贴越多，消费者越倾向于投保巨灾保险，需求增大，进而正向影响保险公司的经营情况。政府对消费者投保巨灾保险进行补贴，减少消费者支付的巨灾保险费用，利于巨灾保险在广大消费者群体中推广。

（5）保险公司经营巨灾保险付出的成本越高，越会降低其经营保险的积极性。保险公司在巨灾保险产品设计、经营管理等方面付出一定的成本，经营成本的高低取决于巨灾保险市场的发展程度、制度的完善与否以及保险公司自身运营效率的高低。巨灾保险制度发展初期，各项制度安排不够合理，保险公司经营和管理巨灾保险的经验不足，势必会产生额外的成本，不利于保险公司的经营。

（6）消费者面对巨灾风险付出的成本越高，其投保巨灾保险的意愿越强。巨灾风险带来的损失较大，单独个体或家庭面对巨灾风险是弱小的，消费者只能基于自身的经济状况应对风险，采取事前购买保险或事后用储蓄渡过难关的措施。但是消费者个人往往不能应对巨灾风险损失带来的影响，付出的成本越大，消费者投保巨灾保险的意愿会越强。

王兰

2021.8

# 目　录

# 第 1 章

# 导　论

## 1.1　选题背景与意义

### 1.1.1　选题背景

巨灾风险对我国经济社会发展具有重大影响，不仅会对公众生命财产造成巨大的破坏，甚至威胁地区和国家经济社会的稳定发展。"巨灾"源自法语，指系统内或系统外的突变，导致系统无法承受不利影响，其范围涵盖自然灾害、人为事故、大规模流行病等多种超强致灾因素所引发的众多人员伤亡、严重财产损失、涉及范围宽广以及较高救助需求的灾难性事故。近年来全球多个国家和地区频繁爆发重大疫情，尤其是此次新冠肺炎疫情，全球波及范围之广，损失之大，在人类历史上颇为罕见。显然人类社会中爆发的突发公共卫生事件已经成为区域经济社会可持续发展的重要障碍之一。从全球范围来看，巨灾保险是分散上述巨灾事故风险的重要手段之一。

2006 年，国务院《关于保险业改革发展的若干意见》提出，"完善多层次农业巨灾风险转移分担机制，探索建立中央、地方财政支持的农业再保险体系"，并提出"建立国家财政支持的巨灾风险保险体系"。至此之后，巨灾保险进入学界与实务界的视野。2008 年汶川地震之后，巨灾保险制度逐渐出台。中共十八届三中全会通过的《中央关于全面深化改革若干重大问题的决定》中明确提出，要"完善保险经济补偿机制，建立巨灾保险制度"。同时，《国务院关于加快发展现代保险服务业的若干意见》中也明确提出，"围绕更好保障和改善民生，以制度建设为基础，以商业保险为平台，以多层次风险分担为保障，建立巨灾保险制度"，建立巨灾保险制度已成为各国不可逆转的局势。我国巨灾保险制度还处于起步阶段，从整体发展上来看，农业巨灾保险已经发展多年，其运作模式在理论与实践上都已相对成熟，地震巨灾保险制度也处于逐步推进阶段，而关于突发公共卫生事件巨灾保险无论在理论还是实践上都尚处于刚起步阶段。

新型冠状病毒肺炎疫情的突然暴发是对我国整个社会的一次强烈冲击，对公众的生命安全和经济社会都提出巨大挑战。新型冠状病毒肺炎疫情简称"新冠肺炎"，是 2019 新型冠状病毒感染引起的急性呼吸道传染病，传播途径包括直接传播、气溶胶传播以及接触传播。2020 年我国新型冠状病毒肺炎患者人数激增，对社会造成了大量的财产损失。图 1-1 展示了 2020 年 1 月 20 日至 2021 年 1 月 31 日我国新冠肺炎累计确诊人数。根据图 1-1 可知，我国在 1 月 20 日至 3 月底经历了新冠肺炎确诊人数迅速增长的阶段，累计确诊人数由 291 人急剧上升为 81554 人（注：此数据不包括港澳台），死亡人数达 3305 人（注：此数据不包括港澳台）。全球因 SARS 事件不幸死亡的人数总计为 919 人（其中我国为 829 人，包括港澳台数据），对比之下，新冠肺炎疫情死亡率更高、防控难度更大。得益于政府全面、严格、彻底的防疫措施，譬如封城、停工停产、居家隔离等措施，新冠肺炎本土病例在 2020 年 4 月以后取得有效控制，增长率渐趋于平稳，其中多例为境外输入。境外输入病例的不断攀升表明这场突发性公共卫生事件不再是单个国家的危机，更是全球性"战争"。截至 2021 年 4 月 19 日，全球因新冠肺炎疫情死亡人数已高达 300 万人，甚至出现了至少 7 种变异新冠病毒，各国疫情防控事态仍然十分严峻①。另外，世界经济进入艰难的调整期。经济合作与发展组织（OECD）、国际货币基金组织（IMF）、世界贸易组织（WTO）、世界银行（WB）等纷纷宣布下调 2020 年经济发展预期。突发公共卫生事件易引出其他复杂的经济风险，导致医疗条件有限、债务状况恶化、资本外流等风险同时发生，新兴市场和发展中经济体脆弱性加剧，社会不确定性因素增加。②

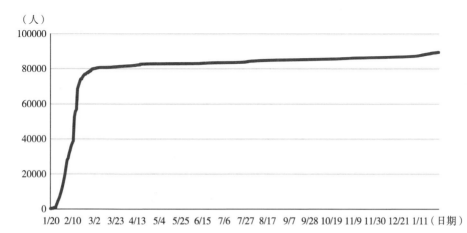

（人）

图 1 - 1　国内自新冠肺炎疫情暴发以来累计确诊人数（2020～2021 年）

资料来源：国家卫健委和各省卫健委通报。

新冠肺炎疫情让全球遭受了一场前所未有的公共卫生危机，各国政府和社会各界迫切地开始强调防范突发公共卫生风险的重要性。建立突发公共卫生事件巨灾保险既能拓展保险经营领域，又能最大化发挥保险的风险转移、经济补偿和社会管理功能，对提升我国处理突发公共卫生事件的应急管理能力具有非同凡响的意义。巨灾保险是一道全球性难题，防治突发公共卫生风险与自然灾害既有共通性，又存在本质上的不同，

①　中国青年网. 全球新冠死亡病例突破 300 万，世卫慨叹：这不是我们希望看到的局面［EB/OL］. http：//news. youth. cn/gj/202104/t20210419_12868557. htm，2021 - 04 - 19.

②　人民智库. 新冠肺炎疫情蔓延的世界影响与中国应对［EB/OL］. https：//baijiahao. baidu. com/s?id = 1671174699941942705&wfr = spider&for = pc，2020 - 07 - 03.

其巨灾保险运行机制与应急管理模式需"对症下药"。因此，本书通过对保险参与突发公共卫生事件的运行机制分析，以此完善我国灾害应急管理机制，对促进国民经济的稳定发展具有重要现实意义。

### 1.1.2 研究意义

**1. 理论意义**

本书着重以突发公共卫生事件巨灾保险为研究对象，分析巨灾保险的可行性与效应，明确巨灾保险的理想条件与现实差距以及巨灾保险在社会管理中发挥的独特效应，明晰开展突发公共卫生事件巨灾保险的可行性与必要性。同时，把握保险参与突发公共卫生事件的手段与方向，剖析影响保险企业发展灾害类产品、发挥社会管理功能的因素，探索我国突发公共卫生事件巨灾保险的发展现状与难题，比较分析各国巨灾保险的运行机制与法律法规建设，为建立健全我国突发公共卫生事件巨灾保险运行机制提供学术参考。因此，既能明晰保险参与突发公共卫生事件的现实意义，又能为保险业全面持续健康发展提供一条长效稳定的发展模式，丰富应对突发性灾害的理论体系，完善重大灾害应急管理方面的研究。

**2. 实践意义**

本书紧扣突发公共卫生事件应急管理，实现保险在突发公共卫生事件中的功能机制。既能发挥保险在处理突发公共卫生事件中天然的优势，强化保险防灾减损功能，提高社会公众防范风险意识，实现灾害应急管理向保险行业深化，又能推动保险行业的经营模式、产品结构、资源配置的有效发展，创造良好的防灾减损氛围和稳定经济社会发展，从而为我国灾害风险应急管理提供一个高效可行的出路。同时，突发公共卫生事件巨灾保险的建立，能有效摆脱我国目前仅仅靠财政救助和社会救助的单一手段，缓解财政赤字和债务危机，为我国政府相关部门提供决策支持。同时，明确我国突发公共卫生事件巨灾保险制度建设的基本内容，有利于积极推动我国巨灾保险的实践发展。

## 1.2 国内外研究综述

### 1.2.1 国外研究综述

国外关于巨灾保险的研究历史较长且较为丰富，通过整理大量相关文献发现，巨灾保险的研究起源于 20 世纪初，当时世界格局基本已形成，殖民体系的确立和第二次工业革命的飞速发展导致一批资本主义国家迅速确立了大国地位，海上贸易一片繁荣，此时的保险研究多为聚焦于轮船、洪水、飓风、地震等突发性灾害，并借助相关法律法规的建立与完善促进保险制度的落实，开始走上巨灾保险制度探索之路。美国国会在 1956 年通过了《联邦洪水保险法》，并据此创设联邦洪水保险制度，又分别于 1968 年和 1973 年先后颁布《全国洪水保险法》和《洪水灾害防御法》，进一步修改与完善了巨灾保险的制度与体系。[①] 众所周知，日本作为地震常发的国家之一，为分散巨大的地震风险与转移不可估计的损失，于 1966 年就开始探索地震再保险制度，并颁布了《地震保险法》加以规范。[②] 根据在 EBSCOhost 外文数据库输入关键词 "Catastrophe risk" 和 "Catastrophe insurance" 等发现，20 世纪 70 年代巨灾保险相关理论和实践实现快速发展，各国越来越强调防治突发事件的重要性，不断改进和创新巨灾工具，20 世纪 90 年代，巨灾保险证券化相关理论也逐渐丰富起来。从理论上来看，国外学者主要从巨灾保险的模式、巨灾保险的市场偏好以及巨灾风险融资等方面为切入点进行具体探讨，主要研究内容包括以下三个方面。

① 程晓陶. 美国洪水保险体制的沿革与启示 [J]. 经济科学，1998（5）：80 - 85.
② 刘瑞. 日本地震保险经验 [J]. 中国金融，2016（23）：83 - 84.

### 1. 巨灾保险的模式

国外学者关于巨灾保险的模式进行了长时间的论证，其中受到不同学派和理论思想的抨击，尤其以自由放任主义和公共利益理论者为代表。自由放任主义强调个人自治的重要性，并认为没有政府干预的市场比有政府干预的市场更能有效地配置经济资源，这一观点意味着将政府功能作用化最小，提倡抵制政府的强制性保险政策；公共利益者则反对自由放任主义的观点，强调政府干预政策能有效改善市场失灵的状态，促进社会福利的增加（Musgrave and Richard，1984；Cummins，2006）。而政府干预的出发点很有可能是某些特殊利益集团的寻租行为（Stigler，1971）。20世纪末日本学者青木昌彦基于东亚经济发展奇迹，首次提出基于这两者之间的中间观点——市场增进理论，它认为市场失灵会导致财富分配不理想，但私营保险市场的资源协调并不总是处于理想状态，强调政府与市场之间并不是替代关系，而是相互补充、相互促进的和谐关系（Lewis，2009）。另外，还有学者试图从公平与效率的角度研究巨灾保险的模式。由于系统机制，私人市场在补偿损失方面的效率远远高于政府，在灾难面前这种现象尤其明显（Priest，1996）。而克里斯托弗和凯文（Christopher and Kevin，2009）认为，政府在巨灾保险市场中的角色与职能是独一无二的，能有效弥补市场自身的不足，促进社会资源的公平分配，能尽全力减少灾害带来的后果，缓解灾害导致的损失。若是将具有准公共产品性质的物品纯粹交给私人市场，很可能造成市场需求不足与供应不足的双重问题（Trebilcock et al.，2006）。

目前，随着巨灾保险运行机制理论基础的逐渐丰富与不断完善，主要衍生出三种发展模式，即政府主导型、市场主导型以及政府与市场合作型，并配套一系列的法律法规和政策工具加以辅助，旨在推动巨灾保险市场的良性循环发展。但是，政府与市场资本合作型（PPP）已成为大多数国家发展巨灾保险的主要模式。政府与私营部门可以最大化地发挥优势，利用丰富的专业知识和综合能力来分担灾害风险，有效实现风

险分散的目的（Paudel et al.，2013）。基于所有相关者的利益，采取不同
的措施来应对灾害性风险的后果，政府提供或支持巨灾保险产品进入市
场，且不会采取损害保险公司利益的措施，公众也必须将保险视为保护
自己财产的唯一机制（Darko Blazhevski，2019），此时，保险市场实现需
求与供给的良性互动。其中，土耳其巨灾保险共同体已成为新兴市场中
旨在减少灾害经济损失的公私合作最佳实践之一（Başbuğ and Yilmaz，
2015）。

### 2. 政府干预巨灾保险市场的手段

政府在巨灾保险的建立与发展中，可以或者必须承担什么样的责任、
发挥怎样的职能是国外学者研究的热点话题。政府可提供统一的巨灾保
险或社会保险。国家通过提供统一的巨灾保险产品进入保险市场，并支
持某种形式的强制保险，而国家应采取不会损害保险的措施，显示公众
接收到信号——将保险视为保护自己财产的唯一机制（Blazhevski，
2019）。事实上，政府提供的保险更具有吸引力，当私人保险公司资不抵
债时，每一项损失都会减少受害者可获得的赔偿，从而产生负的经济外
部性，而政府保险允许负的经济外部性在投保人之间平均分配（Charpen-
tier et al.，2014）。而且政府提供保险的独特优势在于破产概率几乎为
零，对巨灾风险的损失几乎承担着无限担保的角色，大大缓解了违约风
险。但是政府保险计划往往不收取反映灾民面临的实际风险的保险费，
导致财政赤字危机时常发生（Jaffee D.，2013）。社会保险计划强调所有
实体都必须参加，并且参与者被要求以税收的形式进行事前付款，同时
需要一个管理系统来处理和支付可能的福利。事前付款和从社会保险系
统支付的福利都随着潜在损失的增加而增加，并且被限制在相对适度的
潜在损失水平上（Robert et al.，2020）。为了使保险发挥更大的经济补偿
和社会管理作用，巨灾保险在运营和管理中应当遵循两大原则：保险费
应基于风险、处理公平和负担能力的问题（Kunreuther et al.，2013；
Kunreuther，2016）。基于风险的保费以便向个人提供有关其面临危险的

准确信号，并鼓励他们采取具有成本效益的缓解措施来削弱其脆弱性，并且基于风险的保费还应该反映保险公司为确保投资者获得足够回报而需要融入其定价的资本成本，而公平性和可负担性能有效扩大保险的覆盖面积。

政府可建立巨灾基金，巨灾基金通过分散风险并集聚资本来减轻对未来损失的打击，本质上是集中国家资源为保险市场提供支持（Grady，2012）。佛罗里达州成立了飓风巨灾基金，该基金使保险公司可以收取高于保证金的费用以及提供5%的风险损失补偿费用（Bradford，2004）。另外，阿加瓦尔（Aggarwal，2012）指出，美国正考虑通过一项法案——成立国家巨灾风险协会，其职能就是资助国家巨灾基金，以帮助公众和保险公司应对飓风、火灾和暴风雪造成的责任索赔。巨灾基金被政府重视且大力发展其在应对各种巨灾风险上。国家巨灾基金的发展推动了区域间巨灾基金的建立，但阿克维奇（Lonkevich，1996）指出，建立区域性巨灾基金的障碍包括个别的偏执主义、财政预算限制以及监管其创建与管理等，这些障碍需要政府和社会共同来克服。

政府可利用相应的政策工具，给予保险公司相应的政策优惠，分担保险公司经营巨灾保险的压力，从而提高保险公司的承保能力，主要包括税收优惠、贷款优惠和保费补贴。政府通过提供免税政策刺激保险公司准备金的积累，以便在发生灾难时提供足够的资金（Paudel and Youbaraj，2012）。但是，为保险公司提供灾难风险融资的免税或抵税措施，对立法者的吸引力有限，鉴于政府自身的财政问题，任何给予保险公司税收减免的提议都意味着一个更高的门槛，税收驱动的提议似乎不是解决财政复苏问题的可行方案，并且还是基于牺牲纳税人利益上的（Nutter，2006）。另外哈林顿和尼豪斯（Harrington and Niehaus，2001）提出，允许保险公司积累某种形式的延税准备金以降低提供巨灾保险的成本，从而推出具有竞争力的价格，反过来会扩大个人和企业购买私营部门保险的覆盖范围，此政策将减少对灾难援助的依赖。另外，向灾民或崩溃的金融机构提供贷款取代现有的不偿还的转让、赠款、补贴和救助（Jan and Martin，2017），可缓解政府的财政压力。

**3. 巨灾保险的市场偏好**

保险机制虽然能有效分散和转移巨灾风险引发的重大经济损失，但是市场似乎对保险的态度表现得并不敏感。人们对于高风险、低概率事件往往习惯性依赖于社会救援和政府接济，不愿意通过购买保险来降低损失发生的可能性，并且把补偿巨灾造成的损失看作是政府的事情，应当属于国家财政公共支出项目，个人或家庭购买保险会导致双重纳税。麦克莱兰、斯巴兹和库西（McClelland、Scbulze and Coursey，1993）在一项关于测试保险需求的研究中发现，许多人愿意支付的保险费用接近于零，多数人觉得自己或家庭遭受巨灾损失的概率很小，因此对采取措施预防巨灾风险表现得并不积极，对保护自己免受损失的应对措施并不感兴趣。伊克霍特和科利尔（Eeekhoudt and Collier，1999）利用相应的实证经验表明，无论是基于期望效用理论还是对偶理论下，保险都是应对巨灾风险、降低损失的有效管理工具。进一步，昆鲁瑟、诺文斯基和卡尼曼（Kunreuther、Novemsky and Kahneman，2001）通过相关实证研究发现，人们只有基于丰富的背景和经验下才能完善风险感知，大量的事实数据与资料信息能帮助人们准确地认知巨灾风险发生的概率以及损失程度，进而根据风险类型来采取相应的风险管理措施去降低风险，实现一套完整的风险评估。公众的风险态度已成为影响巨灾保险需求的一项重大因素。

另外，政府作为巨灾保险机制建立与运行的最终决策者。布朗和霍伊特（Browne and Hoyt，2000）着眼于 1983～1993 年美国实施国家洪水保险计划（NFIP）的经验数据，发现即使政府提供低于市场成本的保险产品，许多正遭受着巨灾损失的公众也不愿意投保，"慈善危机"也许能为这一情况提供解释说明。若政府对巨灾风险的应急管理在社会公众预期范围之内，那公众便会放弃自我保护与预防能力，市场上将产生严重的慈善危机和个人的无所作为的事实（Browne，2000）。但许多研究已经证明，政府在巨灾保险市场中的作用是独一无二且不可或缺的。罗伯特等（Robert et al.，2020）基于全球共同防范新冠肺炎疫情的严峻背景下，探索巨灾保险与政府两者之间的联系，发现保险市场和资本市场致力于向市场推出保险产品时，潜在的损失很容易超过保险行业的承受能力，法律与监管的外在环境障碍加剧了承保成本，商业保险市场不太可能负担得起，且流行性疾病很可能导致金融风险，这些因素共同对行业乃至整个经济体系构成了系统性风险，但政府的特殊角色在克服这些挑战中能发挥出重要作用。由此可见，政府介入巨灾保险市场已不再是"能否"的问题，而是什么时候介入与以什么手段介入的问题（Jaffee，2006）。

### 4. 巨灾风险融资

巨灾风险融资是获取流动资金来支付或弥补损失的重要方式，它决定着损失成本由谁来负担以及如何来负担的问题。巨灾风险融资机制主要包括各融资主体、融资工具、交易机制等方面。政府作为其中重要的参与主体，通过政策性手段和政策性工具，能有效促进巨灾风险融资机制的建立与运行。各国政府要对巨灾风险带来的损失进行全局性的规划，用于防灾减灾的资金运作是一方面，同时也要引导与支持市场创新融资方式以保证资金的充足性（Mary Kelly et al.，2019）。政府可以通过在政策上给予优惠，例如允许设立免税准备金以确保保险公司能够实现足够的保险赔付，同时有助于其随着时间的推移降低经营成本（Burkhardt Meyer，1996）。政府加强建立信贷机制，有权在保险政策方面采取类似于消费税征收的融资方式，以应对低频、高风险巨灾事件。资本市场有能力对巨灾发生后的巨额索赔支付的风险进行扩散转移（W. Bartley Hildreth et al.，2007）。

巨灾风险证券化将保险市场和资本市场联系起来，发展出一种区别于传统风险分散方式的创新型巨灾风险分散机制，巨灾债券、巨灾期货、巨灾期权、巨灾基金等作为创新型金融融资工具，提供了应对巨灾风险新思路,有效地将保险市场上的风险转移到资本市场上来。不同的巨灾融资工具由于机制设计与运作方式的不同,其发挥的作用与效率也不尽相同。阿杰和王金晶(Ajay and Jinjing Wang,2018)实证研究结果表明,在承保人面临多种风险的情况下,风险最低的是再保险,中间风险是部分证券化,最高风险是完全证券化。随着专用对冲基金等更复杂的投资者的进入和区块链技术的应用,这两种技术预计将降低证券化相对于再保险的不利选择成本,保险连接证券市场将在未来显著增长。巨灾基金允许灾害资金有足够的时间过渡到可持续阶段的初期阶段积累起来,以提供未来可持续的收入来源,支持管理和降低灾害风险,通过良好的管理规则以及基金的审慎和相对保守的财政政策,推动巨灾风险融资并保持可持续性(Tauisi Taupo,2019)。此外,还有一系列的衍生保险工具,保险挂钩证券(ILS)存在基础风险,并且合同缺乏标准化。因此,在ILS市场上,巨灾债券市场的未来发展前景似乎更大。ILS市场尽管在监管、税收方面的竞争环境不足,但基于灾害事件频发和损失巨大的情况仍然能够发展下去(Sylvie Bouriaux and Richard MacMinn,2009)。

### 1.2.2 国内研究综述

多年来,我国经济、政治、社会和人口的发展受到各种突发性灾害的巨大挑战。基于此,学术界关于建立适合我国国情的巨灾保险制度的呼声越来越高,20世纪初,我国关于巨灾、巨灾保险、巨灾风险管理的理论文献开始逐渐丰富起来,研究对象从洪水扩展到地震、农业等方面,研究工具从保险发展到再保险、巨灾证券化、巨灾基金等相关衍生品。因此,早期多以研究巨灾风险的界定、巨灾风险的可保性以及巨灾保险的模式为主,后期多以探索巨灾风险证券化为主,分析巨灾风险证券化的可行性和必要性,并研究巨灾债券、巨灾期权等的定价模型、触发机制及阈值选择,丰富巨灾风险证券化的理论成果的同时,分散了我国保险市场的承保压力,提高了我国保险业的可持续性发展,进而提高了我国面对灾害的响应能力和应对能力。具体来说，国内研究主要集中于以下几个方面。

1. 巨灾风险的可保性

关于巨灾风险的可保性，国内学者研究成果较丰富，主要从可保风险的理想条件与巨灾风险相比较，分析巨灾风险可保的可能性与必要性。若按照传统风险可保理论分析可知，巨灾风险并不满足有大量同质独立的风险单位存在且风险单位不能同时受损、保费在被保险人的经济承受范围之内，因此大部分的巨灾风险并不具有可保性（雷冬娥等，2010）。巨灾风险的低频高损失的特殊属性是影响其可保性的重要因素，而保险公司的管理能力、偿付能力以及经营目标等因素限制着保险人的定价能力（田玲等，2013），这或许会直接导致保费高和市场保险供给不足。巨灾风险可保性还受到需求的影响，需求是影响市场运行的决定性因素，若不存在需求，市场也将无法存在，巨灾保险的需求决策问题本质上是不确定条件下的决策问题，但对于这种高损失低频率的风险事件，理论模式似乎还不能完全解释其危害性（胡新辉和王慧敏，2008）。

大多影响巨灾保险可保性的因素之间并不是以完全孤立的形式存在的，探究巨灾保险可保性要多从更为综合全面、复杂联系的角度去考虑。但是，这并不意味着巨灾风险就不具有可保性，在政府与市场以及法律政策等前提条件下，巨灾风险可能具有可保性（卓志和丁元昊，2011）。另外，在对巨灾风险可保性理性思考和可行性分析的基础上，（谢家智和陈利，2011）以保险经济学理论为基础，通过构建一系列巨灾保险模型，发现在风险管理方法的指导、成熟的技术发展和政府政策的支持下，我国已经具备巨灾风险可保性的理论依据和现实条件。同时，在克服大量同质风险单位、大多数风险单位同时遭受损失以及被保险人不能承受高额保费的瓶颈下，是能创新性地拓宽巨灾风险可保性途径的。

2. 巨灾风险证券化

巨灾风险证券化作为一种创新性的金融产品，成功开辟了一种新的分散途径，将风险分散功能不再局限于保险市场，而是有效地将保险业的风险转移到资本市场上来，依靠更为灵活的资本市场体系去支持巨灾保险的发展。巨灾保险证券化与传统保险经营模式存在替代关系，原保险和再保险都没有摆脱保险人自身财务风险与偿付能力不足的问题，除此之外，道德风险与信用风险在交易中难以避免。而巨灾风险证券化不仅突破了只在保险公司之间分散风险的局限性，灵活的交易机制能增强保险公司的偿付能力，同时以潜在随机变量为定价基础，投资者拥有较大自主权与控制权，能极大地减少道德风险的发生，也有利于避免违约风险的发生。自 20 世纪 90 年代以来，从最初的"四个传统"的巨灾管理创新工具，即巨灾债券、巨灾期货、巨灾期权和巨灾互换，已逐渐推出的"四个当代"创新工具，即或有资本票据、巨灾权益卖权、行业损失担保和"侧挂车"（谢世清，2009；2010），这对完善我国应急管理体系具有突破性意义。

（1）巨灾债券。巨灾债券是目前应用较为广泛的巨灾风险证券化工具之一，是通过发行收益与指定巨灾损失相联结的债券，为确保保险公司在巨灾发生时能够及时得到补偿，需要建立专门的中介机构（SPRVS）。且巨灾债券一旦公开发行后，未来能否支付债券本息完全取决于触发条件——巨灾损失的发生情况（欧辉和周子雄，2020），触发条件普遍使用指数性触发条件，即用行业损失指数或参数指数来表示损失的相对水平，进而反映整体损失情况。相较于赔偿性触发条件，这极易导致基差风险的发生。基差风险是用于或构造证券化产品结算的指数或基础的价值可能与保险公司需要的损失不完全一样。但是，总体来说，与期货和期权相比，巨灾风险所导致基差风险较低。

由于巨灾风险的特性和巨灾债券体系的不足，使其定价难度高于其他金融衍生品。目前，巨灾债券定价方法主要有三种研究思路：一是采用风险中性定价方法；二是基于市场主体效用最大化，利用均衡模型定价；三是利用巨灾债券的一级市场发行数据或二级市场交易数据，对巨灾债券息差构建回归模型。我国学者基于三种思路和不同研究策略发展了一系列巨灾债券定价模型和巨灾债券风险息差定价模型，皮天雷和罗伟卿（2012）以 1978～2010 年中国发生的 241 起地震灾害事故为样本，根据地震损失分布特点，结合资本资产定价模型（CAPM）和债券定价原理，演算了地震巨灾债券的交易结构、收益率和价格，对我国地震巨灾债券进行了初步设计。除此之外，还有基于 LFC 模型（李南希等，2019）、Copula 方法的复合触发机制（展凯和刘苏珊，2019）、机器学习算法和进化树的分箱策略（陈惠民，2020；陈惠民等，2020）、贝叶斯推断（欧辉等，2020）等巨灾债券定价研究，这对我国巨灾债券产品的定价与运作具有重要的现实参考价值。

（2）巨灾期权。巨灾期权于 1992 年在芝加哥期货交易所（CBOT）首次开始交易，主要包括巨灾期权买权（call）、巨灾期权卖权（put）和巨灾买权价差（call spread）三种形式。巨灾期权是一种巨灾损失指数为标的物的期权合约。保险公司在期权市场上支付期权费用购买巨灾期权合同，巨灾期权合同可以按照期权合同市场价格或约定的执行价格进行交易。当巨灾发生且巨灾损失指数满足触发条件时，投资者可以获得相应的回报。如果保险公司买入看涨巨灾期权，当合同约定的承保损失超过期权执行价格时，期权的内在价值便随着承保损失金额的增加而增加，持有人获得的收益与超过预期损失限额的损失相互抵消，因此，保险人的偿付能力得到增强（牛津津，2008）。

巨灾期权的定价问题同样受到许多学者的关注与讨论，常用的期权定价方法包括鞅方法、偏微分方程法以及保险精算方法。我国力求从多角度、多层次建立期权定价模型。谢世清和韩云云（2011）以保险精算理论为基础推导出巨灾期权的理论定价公式，利用巨灾指数分布表对巨灾期权进行了保险精算实证，并通过对巨灾指数分布表和寿险生命表的分析，探讨了巨灾期权的保险精算定价。焦琳致和包振华（2020）基于带有复合泊松损失过程和随机利率，利用跳跃—扩散模型，分析巨灾损失、相关资产以及利率动态变化对期权价格的影响关系，并给出了 CIR 利率模型下的巨灾期权定价封闭公式。胡炳志和吴亚玲（2013）基于泊松分布对我国大陆地震发生的频率进行拟合，构建了蒙特卡罗模拟定价模型，并提出了有政策性的建议与思考，为我国地震巨灾期权的发展提供了理论借鉴。

（3）巨灾期货。巨灾期货于 1992 年在美国芝加哥期货交易所首次推出。巨灾期货是一种以巨灾损失相关指数为标的，在未来特定时间内以现金交割的远期期货合约，投保损失率（ISO 指数）就为巨灾期货的标的。该指数每季度选取美国最具代表性的 22 家产险公司的巨灾损失数据，用该季度保险已发生损失总额除以该季度保费总额来计算。为了更能反映实际损失情况，依据地区间灾害损失程度和保险运营实际状况，对 ISO 指数进行了进一步的细分，出现了全国性指数和区域性指数（谢世清，2010）。巨灾期货与传统期货合约不仅在标的物上有所区别，其大小还取决于巨灾事件的损失总额和当期的保费收入。巨灾期货与商品类期货的运行机制基本一致（张文轻，2012）。以 ISO 指数巨灾期货的运作机制为例，在一定时期内，期货价格与巨灾保险损失赔付率成正比。这意味着巨灾风险的发生导致保险人支付巨大赔付额，其期货内在价值就越高，用期货的盈利总额可以抵消遭受巨大赔付额方面的损失。若巨灾风险没有发生，或发生的影响比预期要小，持有人的期货价值就会下降，但保险人相应的赔付总额也会减少，保险业务上的获利可以弥补期货投资上的损失。巨灾期货的确在对冲保险人损失方面具有重要的作用。保险公司若提前预测到会发生巨灾风险，可以通过购买巨灾期权来弥补亏损。

但是，巨灾期货仅运行三年就被 PCS 指数巨灾期权所取代。因为巨灾期货不仅缺少足够的交易量，而且在合约设计上存在着严重缺陷，对购买者和运营者都有负面影响。目前，仍在市场上交易的巨灾期货属于芝加哥商品交易所（CME）于 2007 年推出的 CHI 指数飓风期货。

（4）巨灾互换。巨灾互换是指在设定特定巨灾触发条件下，交易双方基于互惠原则进行巨灾风险责任的互换。一旦巨灾事件造成的损失达到预先设定的触发条件，即可从互换对手处获得现金赔偿。巨灾互换主要有两种形式：一种是金融性巨灾互换，因交易机制类似于再保险协议，也可以称为再保险型巨灾互换，由于双方私下签订巨灾互换合约，一定时间内巨灾风险买方（浮动收益人）定期给卖方（固定受益人）支付相应的保费，在约定的领土上巨灾风险发生时，巨灾风险买方向巨灾风险卖方提供损失证明，并获得损失补偿；另一种是组合型巨灾互换，两个保险主体通过巨灾互换交换彼此的组合内的部分风险，实现自身风险组合的多样化，达到分散巨灾损失的目的（邵新力和张湘君，2015），我国某个保险人将部分台风风险与美国某个保险人的部分飓风风险相交换，当台风风险这一特定触发事件发生时，我国这位保险人便会获得相应的损失赔偿。无论是金融型巨灾互换还是组合型巨灾互换，都是基于公平交易利差的。

巨灾互换相比巨灾期权和巨灾期货，不仅交易机制灵活、操作简单、成本低，还拥有较高的收益率（秦以达，2020）。另外，由于我国资本市场和保险市场自身发展的局限性，运作或参与巨灾债券、巨灾期权、巨灾期货的条件还不够成熟，但巨灾互换在成本、操作上显得更有优势。目前，许多全球再保险与保险公司都将巨灾互换作为分散风险的重要手段之一。

（5）或有资本票据。或有资本票据属于或有资本的范畴。或有资本是企业事先与金融中介机构签订合约，在约定的触发条件发生时，通过发行权益证券、债务证券、混合型证券等方式获得资金的金融工具（高海霞，2012）。或有资本的触发条件必须同时满足巨灾损失发生、标的的市场价格低于执行价格这两个条件，这也是显著区别于普通期权的特征（谢世清，2009）。或有资本票据使得保险公司遭受的巨灾损失达到事先约定金额的情况下，保险公司有权向特定投资者发行资本票据来募集资金。以 MGT 承保 Nationwide 相互保险公司发行的面额为 4 亿美元的或有资本票据为例进行说明。① MGT 先成立或有资本票据信托基金，将募集的 4 亿美元投资于国债，投资者购买信托票据，可获取国债利率基础上加上 0.22% 的回报率。若巨灾风险未发生，Nationwide 相互保险公司便不能执行权利，当信托基金投资到期时，用投资国债获得的收益和 Nationwide 相互保险公司缴纳的权利金来抵消支付给投资者的利息和费用，以此获利。若巨灾风险发生了，信托基金会提前卖出国债以及时获得流动资金，用于 Nationwide 相互保险公司的损失补偿，投资者在基金投资到期时，仍可以随时赎回本金并获得利息收入。实质上，Nationwide 相互保险公司只是将自己发行资本票据的权利转移给信托基金，信托基金将募集的资金用于投资管理，以获得充足的资金来支付巨灾风险赔付额。

或有资本票据的最大特点并不是作为转移巨灾风险的一种工具，而是提供除了传统融资方式之外的新的负债融资渠道，它本质上是一种损失发生后的风险融资工具，能及时取得流动性资金，暂时缓解保险公司巨额赔付困境。据了解，世界上第一张或有资本票据是作为汉诺威再保险通过花旗银行发行的价值 8500 万美元的票据，此后这种新型融资方式得到各家保险公司的推广（谢世清，2009）。

（6）巨灾权益卖权。巨灾权益卖权（catastrophe equity put，CatEPut）以上市企业股票为交易标的，是一种可以提供短期融资便利、降低企业财务风险的场外交易巨灾期权产品（李永等，2014）。详细来说，巨灾权益规避方与投资方达成场外合约并支付期权费，巨灾权益卖权合约生效。假设巨灾的发生导致巨灾权益规避方的股票价格大幅度下降，巨灾权益卖权合约的触发事件发生，巨灾权益规避方有权要求投资方以特定的价格买入自己的股票，以此为自己提供融资便利。若巨灾权益卖权合约未被触发，投资方便获得期权费而受益。因此，巨灾权益卖权是一种巨灾

---

① 谢世清. 或有资本票据探析 [J]. 中央财经大学学报，2009（11）：20 - 24.

风险发生后，帮助保险公司恢复资产负债表稳健、保持良好市场业绩和信用评级的融资工具。特别地，保险公司为了避免产生对股权集中度的不利影响，通常会在合同中规定一定时限，且以优先股为交易对象，能最大限度降低公司股权稀释的风险（高海霞，2012）。

巨灾权益卖权的交易机制不像巨灾期权、巨灾期货需要依靠巨灾损失指数，因此具有设计机制简单、灵活性强的优势。但由于巨灾权益卖权为非标准化的契约合同，缺乏真实、准确、及时的信息披露制度，极易导致道德风险和违约风险，使保险公司容易遭受巨灾风险赔付和高额融资成本的双重压力。

（7）行业损失担保。作为巨灾风险管理的重要创新工具，行业损失担保（industry loss warranty，ILW）是一项特殊的再保险协议，行业损失担保主要包括合同覆盖的地域、灾害类型、责任限额和有效时间等要素，当同时满足购买者的实际损失和整个保险行业的损失时，保险公司就可以按照合约规定获得理赔（谢世清，2009）。具体来说，巨灾发生前或损失确定前，购买者（保险公司）向出售者（多为对冲基金）支付保费，出售者承诺触发事件发生后执行约定义务。如果巨灾风险发生或者两个触发事件都满足时，保险公司行使担保权利，获得赔付。若在有效期内，巨灾风险没有发生或者不满足触发条件，对冲基金通过收取保费而获利。另外，双方签订的行业损失担保合约中会约定索赔金额上限，通常会依据风险类型、损失大小以及合同覆盖的地域范围等因素确定。

行业损失担保具有成本低、交易简单、灵活性高以及道德风险与信用风险低的特点，是我国应对巨灾风险管理的重要补充工具。但我国关于行业损失担保方面的研究还比较少，且研究领域较狭窄。我国应加快对这些领域的研究进度，这对解决保险公司融资困难的问题和分散巨灾保险风险具有重要意义。

（8）"侧挂车"。"侧挂车"本质上属于一种特殊的再保险公司，依据一定担保比例的再保险协议与再保险公司共同承担巨灾风险导致的损失，同时分享其部分保单的收益（王泽温，2014），投资者可通过私有股权或债券的方式注入资本而进入再保险市场。它实质上是增强了原保险公司的承保能力，自身生命周期较短，而作为再保险的补充风险转移机制，自身的承保能力也较弱（初泓达，2019）。独立的公司形式使其并不完全依赖于原发起公司，因此被学者们生动地称为"侧挂车"（魏舒，2016）。"州立农业"和"文艺复兴"（State Farm & Renaissance）再保险公司于 1999 年联合成立了 Top Layer Re & Op Cat 再保险公司，这两个再保险公司可以被视为最早的"侧挂车"（魏舒，2016）。[①] 后由于"9. 11"事件的发生，许多再保险公司受到了沉重的打击，"侧挂车"却重新获得社会的高度关注。除了再保险公司通过成立"侧挂车"来获得附加的外部资本外，还出现了投资者与再保险公司合作建立"侧挂车"，扩展了再保险的业务范围，投资者则通过保费上涨而获得回报。

再保险公司能以较小的成本建立起"侧挂车"，且"侧挂车"属于发起公司的表外业务，其运营状况和财务情况不会反映在发起公司的资产负债表上，一定程度上又能降低监管成本。同时，若发生巨大损失导致破产清算，对再保险公司的影响也很小。"侧挂车"的运作机制高效灵活，投资者能够在较短的时间获得较高的预期收益率，且退出机制方便。另外，虽然"侧挂车"具有尾部风险较大、信息透明度不高的缺点，但还是在一段时间内成为各家再保险公司分散巨灾损失的有效途径。

## 1.3　研究思路与方法

### 1.3.1　研究思路

本着遵循"从实践中来，实践中去"的客观规律，结合巨灾保险方面已有的研究成果，针对突发公共卫生事件巨灾保险分散与转移风险的

---

① 魏舒．"侧挂车"视角下的巨灾风险证券化［J］．北方金融，2016（5）：57－60.

现实使命，以建立有效的公共卫生事件巨灾保险运行机制为目标，基于巨灾风险可保性分析与效应分析的前提条件，讨论我国发展突发公共卫生事件巨灾保险的现实条件与理想条件的冲突，并以巨灾保险可保的理论基础为支撑，探索发展突发公共卫生事件巨灾保险的可能性，本书提出当前我国衡量保险供给能力与需求能力的方法，同时结合我国市场存在着供需均不足的难题，旨在分析我国保险公司的偿付能力和应对之策。同时，探索中国当前突发公共卫生事件巨灾保险运作的现状、存在的问题以及造成突发公共卫生事件巨灾保险缺失的原因，学习和借鉴国外巨灾保险的成功经验，研究基于现实国情基础上突发公共卫生事件巨灾保险各利益主体间的博弈行为及运行机理，并设计构造突发公共卫生事件巨灾保险运作中的应急管理机制，为突发公共卫生事件巨灾保险运行提供相关基础条件和保障（如图 1 - 2 所示）。

### 1.3.2 研究方法

（1）规范研究方法。规范研究是关于经济目标、经济结果、经济决策、经济制度的合理性的研究，注重基础理论分析和多学科交叉理论的融合，追踪相关学科的前沿理论对解决本书研究对象的应用，旨在对各种经济现象做出判断。从某些研究假设出发，运用风险管理、保险经济学、制度经济学、行为经济学等理论思想，通过一系列逻辑演绎，分析政府、保险公司、消费者三者之间的博弈关系，对巨灾保险风险分散机理进行深刻分析，设计构造一套有效的巨灾保险分散风险机制。

（2）实证研究方法。运用观察法、实地调研等方法，并设计谈话、问卷等方式，对保险发展巨灾保险、巨灾再保险、巨灾风险证券化、巨灾保险基金等产品进行有计划的、周密的和系统的了解，并对收集到的大量资料进行分析、归纳，对我国保险应对巨灾保险风险分散的现状与难题进行研究，探索突发公共卫生事件巨灾保险相关利益主体之间的关系，以此提高我国保险承保巨灾风险的能力。

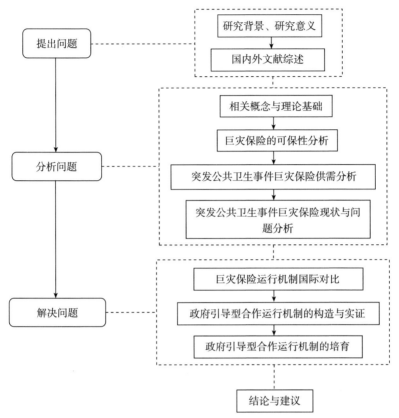

图 1 - 2　研究技术路径

（3）文献研究法。全面收集大量关于巨灾保险以及巨灾保险风险分散机制方面的文献，了解巨灾保险在巨灾风险下发挥的风险分散和损失补偿功能，探讨我国保险业承保巨灾风险存在的问题。同时，对比分析国外巨灾保险模式、风险管理能力差异以及保险在应对重大灾害中社会功能的演进，得出和提出保险业参与巨灾风险管理的可行性结论与政策建议。

## 1.4 本书的可能创新之处

1. 学术思想方面

针对各种传染病、流行病等危害社会公共安全的现状为研究的源起，以突发公共卫生事件巨灾保险的运行机制为研究对象，这是建立突发公共卫生事件巨灾保险制度非常重要的环节。本书从突发公共卫生事件为准公共产品的逻辑出发，分析其可保性，深入分析突发公共卫生事件巨灾保险的发展历程和问题、缺陷。针对突发公共卫生事件巨灾保险市场存在供需失衡的市场失灵状况，政府应积极引导市场主体参与，以公私伙伴合作机制共同创造突发公共卫生事件巨灾保险运行的基础条件和有效途径。

2. 学术观点方面

（1）发展突发公共卫生事件巨灾保险具有多重效应，包括风险分散效应、金融乘数效应、社会保障效应以及独特激励效应。（2）由于突发公共卫生事件巨灾保险是准公共产品，客观存在市场失灵现象，针对供需失衡的市场失灵问题，其巨灾保险运行可采用政府引导的合作保险模式。（3）基于我国现实国情与突发公共卫生事件巨灾保险的准公共产品属性，其运行机制采用政府引导的公私伙伴合作机制，既发挥政府机制的引导优势，又发挥市场机制资源配置的效率优势，以此推动突发公共卫生事件巨灾保险的供给与需求由非均衡向均衡发展。

# 第 2 章

# 相关概念与理论基础

## 2.1 相关概念界定

### 2.1.1 巨灾的定义

我国国土面积位居世界第三，还是人口大国，各种突发性灾害频发，不仅灾害种类多、损失程度严重，且影响范围广，对我国社会系统造成了难以估计的破坏，严重影响着社会的生产与创造、资源与环境的再生以及社会公众的日常生活。政府与社会公众都迫切期望能构建损失补偿工具，提供保护利益的有效途径，从而转移与分散巨灾损失。由于受到不同政治、经济、文化以及社会环境的影响，巨灾风险的定义尚未完全统一。巨灾风险定义理论的统一，是各学者开展理论研究的重要前提，是各研究成果深度交流与合作的基础。因此，依据研究领域的不同，主要从以下三种角度阐释巨灾风险。

1. 保险学角度

保险学领域学者多关注灾害损失，切实从自身利益出发去衡量巨灾风险。美国联邦保险服务局（ISO）将 1998 年的物价水平设为基期，认为巨灾风险是指至少造成保险业 2500 万美元的财产损失，且影响范围波及多位保险人或被保险人的事件。① 瑞士再保险公司（Swiss Re）则进一步将索赔金额、伤亡情况等因素考虑进来，定义为，若某灾害事件的索赔金额、损失总额或伤亡总人数超过规定阈值，便可以称为巨灾风险，并不断重新界定巨灾的规定阈值，根据 2015 年瑞士再保险发布的数据来看，保险损失或经济损失总额超过 9770 万美元的称为巨灾。同时进一步将巨灾风险细分为自然灾害事件和人为灾祸，同时详细规定了不同灾害事件造成的损失额和伤亡人数的临界值，将巨灾风险用数量关系的方式呈现出来，使其更加标准化和精确化。② 自 1970 年以来，每年依据美国的通货膨胀率，公布世界巨灾风险损失情况。慕尼黑再保险公司将巨灾定义为若灾害发生后，受灾地区仅依靠自己的力量不能消化所造成的损失，还必须依靠区域间或国际上的援助，便可以称为巨灾。③

另外，也有学者将损害保险偿付能力的因素也归类于巨灾风险，但是形成一个全行业的内部标准是不太可能实现的，单个保险人的资产规模存在差异，某次风险事件对资产规模小的保险人来说是巨灾风险，但是对资产较充足的保险人却构不成巨灾风险。因此，保险行业多从赔付额与保费收入的关系上确定巨灾风险，若一次灾害事件的赔款总额达到全年保费收入的 150% ~200% 以上，保险人便认为发生了巨灾事件。

### 2. 地质学角度

地质学专家通常从更偏向理性思维的角度出发，以灾害发生的强度和频率为研究重点，把巨灾风险界定为更具体、更通俗理解的含义。马宗晋作为我国地质学的探索者，将巨灾含义直接给出某个确定值，认为若死亡人数超过 10000 人、直接经济损失达到 100 亿元（以 1990 年价格

---

① 赵慧萍，何小伟. 巨灾风险特征及补偿安排 [J]. 金融博览，2016（9）：9 - 10.
② 根据瑞士再保险 Sigma 术语定义。
③ 姚庆海. 巨灾损失补偿机制研究——兼论政府和市场在巨灾风险管理中的作用 [M]. 中国财政经济出版社，2007：105 - 111.

为基期）便可以称为发生了巨灾风险。[①] 另外，致灾因子也常作为主要研究对象来衡量巨灾风险，将巨灾概念具体到单个灾害种类上，地震强度 ≥ 7 级；洪水和干旱一般不能构成巨灾，属于 50 年难遇一次；台风风力 ≥ 12 级，风速大于 32.6 米/秒；以及大火山爆发、大海啸以及大飓风等；而滑坡、泥石流和冰雹等极少能构成巨大灾害。这种方法能较好地界定自然灾害，但对于像恐怖袭击、疫情等巨灾风险表现得较为局限。

3. 国际性组织

联合国的《环境状况和政策回顾：1972～2002》中提到，灾难为一种严重的社会功能失调，不仅在大面积内造成人类、物质和环境的损害，而且远远超出社会仅依赖自身资源所能承受的范围。世界银行在 2007 年出具的一项报告中认为，巨灾是突发性的，且能够造成重大损失的危险事件。经济合作与发展组织（OECD）认为，巨灾风险损失程度太大，靠个人努力无法控制与减轻，必须依靠外部力量去转移和化解损失，各成员国之间要在巨灾风险面前相互团结与协作。这似乎与"人类命运共同体"的理念不谋而合，经济全球化使各国之间处于相互联系、相互依存的网络中，应对巨灾事件同样需要在追求本国利益时兼顾他国合理关切，坚持开放与包容的态度，坚持经济长远发展的理念，联合各国力量努力实现各国的共同发展。

由此可见，巨灾具有两个显著特征：一是，巨灾会导致大面积的人员伤亡，经济损失额巨大，且必须依靠其他区域或国家的经济、人员支援；二是，同一般性损失事件相比，巨灾发生概率较小。因此，巨灾是发生频率小、经济损失惨重，对人的生命安全、社会经济增长、国家政治稳定具有极强影响力的灾难事件，其形式既包括自然灾害事件，也包括因人为因素引起的恐怖袭击、战争、传染性疾病等。

---

① 赵阿兴，马宗晋. 自然灾害损失评估指标体系的研究 [J]. 自然灾害学报，1993（3）：1－7.

### 2.1.2 巨灾的数量刻画

#### 1. 基于概率的数量刻画

由于一般性风险事件发生的频率较高，而巨灾风险发生的频率往往较低，因此，可以考虑从风险发生的频率上刻画巨灾风险。若设 $P$ 为某灾害发生的概率，$S_L$ 表示一次灾害发生时造成的损失，$L_i$ 表示在该灾害发生概率为 $P_i$ 时产生的损失。根据期望效用理论与古典风险理论可以得到：

$$S_L = \sum_1^n E[L_i - E(L)]^2 P_i$$

s. t.

$$L_i - E(L) = \left\{ \begin{array}{l} 0, L_i \geqslant E(L) \\ -[L_i - E(L)], L_i < E(L) \end{array} \right.$$

当同时满足 $E(P) \leqslant P_i, E(L) \geqslant E(L_i)$ 时，这样的灾害事件可以称为巨灾。

#### 2. 基于损失的巨灾刻画

巨灾风险造成的损失涉及投保人、保险人、政府等主体。作为承保巨灾风险的保险人，巨灾风险损失不仅与其赔付额息息相关，更是关系到企业持续盈利能力和经营能力。因此，基于损失的数量刻画将保险人的生存能力考虑进模型。设 $P$ 表示灾害发生时赔偿的概率，$S$ 表示灾害累计赔偿额，$F$ 为保险公司赔款总量分布函数。若个体之间相互独立，赔偿次数 $N$ 与 $S_i$ 相互独立，可以用卷积法描述灾害累计赔偿额 $S$ 的分布：

$$F_s(s) = P_i[S \leqslant s] = \sum_{n=0}^{\infty} F^{*n}(s) \cdot P_i[N = n] \cdot P_i[N = n]$$

$$= \sum_{n=0}^{\infty} P[S_1 + S_2 + S_n \leqslant s] \cdot P_i[N = n]$$

由于 $P_i[S_1 + S_2 + S_n \leqslant s] = F^{*n}(s)$ 为 $n$ 重卷积，所以：

$$F_s(s) = P_i[S \leqslant s] = \sum_{n=0}^{\infty} F^{*n}(s) \cdot P_i[N = n]$$

假设总资本公积金和总准备金分别为 $T_e$ 和 $P_c$，保险公司总偿付能力表示为 $T_c$，则有，

$$T_c = T_e + P_c$$

当 $T_c < F_s(s)$，根据前面步骤，可以最终得到：

$T_e + P_c < \sum_{n=0}^{\infty} F^{*n}(s) \cdot P_i[N = n]$，若保险人经营满足此条件的保险，会影响其持续经营能力。因此，只有满足这个公式的灾害，才能称之为巨灾。

### 2.1.3　巨灾的划分标准

各国、各领域的学者对巨灾定义尚存在分歧，巨灾的划分标准因选取的影响因子的不同，也存在着差异。各学者在已有的研究成果上不断改进与创新，使得巨灾的划分标准适用范围越来越广，越来越科学化和标准化。一般来说，巨灾的划分标准主要考虑以人口死亡数、受灾人数、受灾面积、直接经济损失额等为影响因子，考虑构建影响因子之间的指标体系，将指标体系与某个规定阈值做比较，从而判别该项灾害是否属于巨灾。高效快捷的划分标准，为采取积极迅速的应急管理方法提供了前提基础。

1. 双因素模式识别法

灾害兼具自然属性和社会属性，灾害的产生原因既有可能来自自然，也有可能来自社会因素，但都直接对人口与社会资源产生极大的负面影响。赵阿兴和马宗晋（1993）最早提出灾害等级的划分标准，提供了两种巨灾的划分方法：一是直接采用人口死亡数和社会财产损失额做双因子判定法划分灾害等级，当某次灾难的死亡人数和社会财产损失额同时满足特定阈值范围时，该灾害的等级就能被成功地判别出来。二是首次提出了灾损率的概念，灾损率反映灾害造成的损失占灾区社会财富和社会生产总量的比例，具体可以表示为灾害造成的经济损失与受灾地灾害

事件发生前一年的社会生产量与物价指数的乘积之比。其中，灾害的经济损失既包括直接经济损失和间接经济损失，同时也包括因灾害救援而遭受的损失。灾损率衡量了灾害事件对灾区社会经济生活的影响或者灾害破坏程度，直接分析灾害对区域经济的影响，是社会公众和政府都极为关注的领域。因此，可以将灾害损失程度分为微灾（E 级）、小灾（D 级）、中灾（C 级）、大灾（B 级）和巨灾（A 级）五个等级，其划分依据主要如表 2 - 1 所示。

表 2 - 1　　　　　　　　　　　　巨灾等级划分

| 灾度等级 | 人口死亡（人） | 财产损失（元） | 灾损率 |
|---|---|---|---|
| 微灾（E 级） | $< 10$ | $< 10^6$ | $< 0.2$ |
| 小灾（D 级） | $10 \sim 10^2$ | $10^6 \sim 10^7$ | $0.2 \sim 0.3$ |
| 中灾（C 级） | $10^2 \sim 10^3$ | $10^7 \sim 10^8$ | $0.3 \sim 0.4$ |
| 大灾（B 级） | $10^3 \sim 10^4$ | $10^8 \sim 10^9$ | $0.4 \sim 0.5$ |
| 巨灾（A 级） | $> 10^4$ | $> 10^{10}$ | $> 0.5$ |

资料来源：赵阿兴，马宗晋. 自然灾害损失评估指标体系的研究. 1993.

马宗晋等的灾害等级划分标准对灾害事件进行了明确细分，为评估灾害损失大小提供了清晰的量化方法，为开展灾害分级管理提供了科学的理论依据。依据不同的灾害等级制定不同的应急管理方法，能有效减少灾害风险管理成本，积极推动我国灾害预警与减灾防灾工作的进程，对开展灾害保险、减灾工作评价具有重要意义。但是，此方法很大程度依靠相关部门对受灾信息的搜集与公布，任何信息的漏报、误报或延迟都会对划分标准的准确性产生影响，从而影响应急管理政策的实施效果。同时，该方法还具有一个很明显的局限性，只能判别同时满足人口死亡数和财产损失额两个条件的灾害事件，因此只能判别少数灾害事件，若某次灾害事件造成直接死亡人数 50 多人、财产损失超过 100 万元，此时，这起灾害事件应属于哪类灾害等级？

### 2. 单一因素模式识别法

由于马宗晋等提出利用人口死亡数和社会财产损失额做双因子判定法存在较大的局限性，于庆东（1993）在马宗晋等的灾害等级划分标准上进行了吸收与改进，以实现能够判别多种灾害的目的。设计利用坐标轴，用 x 轴表示死亡人数，单位为千人；y 轴表示经济损失，单位为亿元。同时根据张宗晋的划分标准，将 x 轴、y 轴都划分为六等份，坐标值都分别为 0.01、0.1、1、10、100，点（100，100）（10，10）（1，1）（0.1，0.1）（0.01，0.01）分别表示为 A、B、C、D、E。以上的设定使得各灾度等级判别的临界指标均位于第一象限" $x = y$ "的射线（第一象限的平分线）上，即临界值的坐标轴对 x、y 轴的垂直距离相同。设 O 点为圆心，以 OA、OB、OC、OD、OE 为半径做第一象限的圆弧，便将整个第一象限划分为 6 个区域，代表了 6 个灾害划分等级。其改进后的灾害等级判别标准用数学式子表示如下：

当 x、y 位于区域 Ⅰ 时，即 x、y 满足 $x^2 + y^2 \geqslant 20000$ 时，为巨灾；

$$(2.1)$$

当 x、y 位于区域 Ⅱ 时，即 x、y 满足 $200 \leqslant x^2 + y^2 \leqslant 20000$ 时，为大灾；

$$(2.2)$$

当 x、y 位于区域 Ⅲ 时，即 x、y 满足 $2 \leqslant x^2 + y^2 < 200$ 时，为中灾；

$$(2.3)$$

当 x、y 位于区域 Ⅳ 时，即 x、y 满足 $0.02 \leqslant x^2 + y^2 < 2$ 时，为小灾；

$$(2.4)$$

当 x、y 位于区域 Ⅴ 时，即 x、y 满足 $0.0002 \leqslant x^2 + y^2 < 0.02$ 时，为微灾；

$$(2.5)$$

当 x、y 位于区域 Ⅵ 时，即 x、y 满足 $x^2 + y^2 < 0.0002$ 时，为无灾

$$(2.6)$$

上述式（2.1）~（2.6）为改进后的灾害判别方法，虽然相较马宗晋等的方法稍显复杂，有具体的数学计算公式和步骤，但是极大地拓展了

灾害风险的识别范围，大大提高了灾害损失评估能力。

3. 模糊灾度判别法

任鲁川（1996）认为，无论是马宗晋等还是于庆东的灾害等级划分标准都存在缺失灾害损失特征方面的信息，过多强调位于灾害等级划分临界值两边的死亡人口和经济损失差异，而弱化了位于同一灾害损失等级两端的损失差异。基于以上局限性，任鲁川将模糊模式识别理论应用于划分灾害等级中，并提出了"模糊灾度"和"模糊灾度等级"相关概念，并构建模糊灾度等级隶属函数，为巨灾的划分标准提供了新思路。定义符号 $U$ 表示所有灾害损失的集合，即表现为灾害损失空间；$u$ 表示灾害损失空间中的某一种灾害损失，用 $R$ 和 $J$ 表示人口直接死亡损失子空间和社会财产损失子空间，其中某一人口直接死亡数和社会财产损失额用 $r$ 和 $j$ 表示。假设仅考虑到人口直接死亡数和社会财产损失额两种因素，那么，灾害损失空间、人口直接死亡损失空间和社会财产损失空间存在如下关系：

$$U = R \times J$$

$$u = \{(r,j) \mid r \in R, j \in J\}$$

同时，将马宗晋等提出的巨灾、大灾、中灾、小灾、微灾视为灾害损失空间上的模糊集合，称为灾害损失等级模糊集合，巨灾、大灾、中灾、小灾、微灾在一定程度上都隶属于灾害损失等级模糊集合，其隶属程度就是模糊灾度。在基于马宗晋等提出的灾害等级划分标准下，依据最大化隶属原则，任鲁川建立了复杂的模糊灾度等级隶属函数。在已知死亡人数和直接经济损失额的条件下，计算出 lg$r$ 和 lg$j$ 的值，代入模糊灾度等级隶属函数便可以得到灾害等级。具体的模糊灾度等级划分标准如表 2-2 所示。模糊灾度的概念和模糊灾度等级划分方法不仅能适用于所有灾害事件，而且规避了生命价值计算，是一次重要的改进与创新，具有明显的优越性。

表 2 - 2                          模糊灾度等级划分

| 灾度等级 | 表示符号 | lgr | lgj |
|---|---|---|---|
| 巨灾 | A | 4 | 4 |
| 大灾 | B | 3 | 3 |
| 中灾 | C | 2 | 2 |
| 小灾 | D | 1 | 1 |
| 微灾 | E | 0 | 0 |

资料来源:任鲁川.灾害损失等级划分的模糊灾度判别法[J].自然灾害学报,1996(3):15-19.

### 2.1.4 突发公共卫生事件的定义

广义上来讲,突发公共卫生事件是指突如其来的、对人类身体健康和生活产生巨大威胁,并间接威胁国家经济发展、政治稳定的自然和人为灾害。国务院第七次常务会议通过的《突发公共卫生事件应急条例》中,对突发公共卫生事件进行了更为具体的阐述,指出,"突发公共卫生事件是指突然发生,造成或者可能造成社会公众健康严重损害的重大传染病疫情、群体性不明原因疾病、重大食物和职业中毒以及其他严重影响公众健康的事件"。可见,突发公共卫生事件的产生原因十分复杂,甚至不同突发公共卫生事件之间的产生原因也不存在任何关系,如重大传染性疾病引发的巨灾事件,恐怖袭击引发的社会安全事故,自然灾害和野生动物导致的大规模人身安全事故,危险药品、食物中毒等。

但是,这并不等于无规律可循。长期忽视人与自然之间和谐相处是导致突发公共事件发生的根本原因。国际上几次突发公共卫生事件都与动物有着千丝万缕的关系,蝙蝠与 SARS 病毒起源密切相关,而猩猩、猴子、蝙蝠等野生动物是埃博拉病毒的主要携带体,H7N9 高致病性禽流感病毒、尼帕病毒的发生都与动物有着密切的关系。[①] 据统计,1940～2004

---

① 搜狐网.来自大自然的"报复"——野生动物的病毒又一次到了人类社会![EB/OL]. https://www.sohu.com/a/368496647_395847,2020-01-22.

年，全世界共发生新兴传染性疾病 335 起，其中 60.3% 的疾病均来源于野生动物，这其中又有 71.8% 的疾病来自野生动物。[①] 人与自然生态链条的失衡增加人与自然的接触概率，进而为野生动物将携带的病毒传染给人类、危害人类身体健康提供了极大的可能。同时，政府行为失范是引发突发公共卫生事件增长的间接原因。执法部门应加强对不良野生动物市场的监管，防止权钱交易与权钱寻租等违法违规现象的发生。最后，公众法律意识淡薄也是造成突发公共卫生事件发生的重要间接原因。在利益的驱使下，滋生出了畸形的野生动物交易链与贸易圈，让野生动物成为商品和食材，对人类观念和生物多样性造成巨大冲击。

突发公共卫生事件根据扩散范围和危害程度，主要可以分为特别重大（Ⅰ级）、重大（Ⅱ级）、较大（Ⅲ级）和一般（Ⅳ级）四个等级。突发公共卫生事件属于巨灾风险的一种，是政府灾害应急管理的重要组成部分。不同等级的突发公共卫生事件需要分别采取不同的应急管理措施。突发公共卫生事件除了具有扩散速度快、覆盖面积广且威胁性极强的特点外，还具有季节分布差异、地域分布差异的特点。如冬、春两季极易发生呼吸道传染病，像 SARS 和人感染高致病性禽流感；非洲因地理特性，经常暴发传染病，坦桑尼亚、肯尼亚、马拉维和赞比亚四国是疟疾的高发区。疟疾是疟原虫寄生于人体所引起的传染病，通过蚊子叮咬传播，主要流行于热带及亚热带地区，在东南亚、南美洲等地也常发生。世界卫生组织（WHO）公开数据显示，目前全球每年有超过 2 亿人感染疟疾，其中绝大部分在非洲。2016 年，全球约有 44.5 万人死于疟疾，其中 28.9 万人为五岁以下儿童，占比高达 65%。[②]

---

① 搜狐网. 来自大自然的"报复"——野生动物的病毒又一次到了人类社会！[EB/OL]. ht-tps：//www. sohu. com/a/368496647_395847，2020 - 01 - 22.

② 澎湃新闻. 全球最致命的动物：致疟疾肆虐，每年夺走约 83 万条生命 [EB/OL]. https：//www. 163. com/dy/article/E5O8PMV50514R9P4. html，2019 - 01 - 17.

## 2.2　巨灾保险相关理论

### 2.2.1　公共产品理论

公共产品理论已成为新型政治学的一项基本理论。公共经济学理论将社会产品可分为公共产品和私人产品两大类，国防便是典型的公共产品。萨缪尔森将公共产品定义为所有成员共享的消费品，并且所有社会成员可以同时消费该产品，每个人对该产品的消费不会减少其他成员对该产品的消费。公共产品具有三大基本特征：一是消费的非排他性。当社会成员消费公共产品时，无法排除他人也同时消费这些产品。即使部分成员不愿意，也无法拒绝，且每个成员消费的数量与质量都是一样的。二是消费的非竞争性。社会新成员对公共物品的消费既不会影响其他成员的消费，也不会降低其他成员的利益。每增加一个成员，其边际成本为零。公共产品的受益者之间不存在利益冲突关系。如国防安全保障针对一国国内的所有公民，不会因为某新生儿的降临而使得自己因享受国防带来的利益受损。三是效用的不可分割性。私人产品最重要的特性就是其效应只为消费者提供，其效用能被分割成多个单位。而公共产品的消费对象包括全体社会成员，每个社会成员都具有共同消费与共同享受利益的权利，既不能将其分割为若干部分，也不能划分为某一特定成员或群体独自享用。

公共产品依据不同的划分标准，既可能是有形产品，也可能是无形产品，如某项制度安排。既可能全体成员都有受益的权利，也有可能只是部分受益，因此，公共产品可分为纯公共产品和准公共产品。准公共产品是指具有有限的非排他性或有限的非竞争性，介于纯公共产品和私人产品之间，比如大多数基础设施都属于准公共产品。由于存在市场失灵的现象，市场价格机制失效，仅依靠市场机制在任何领域都不能达到帕累托最优。如果公共产品仅由私营部门来提供，则社会上会不可避免地出现"搭便车"现象，追求利润最大化的生产者就不具有供应公共产品的动机，社会成员公共利益最大化难以实现。承保突发公共卫生事件的保险人一般会采取灾前预防措施，如为了提高社会公众的风险防范意识，会加强对突发公共卫生事件的知识教育与宣传，而那些没有承保的成员也会从中受益，从而产生正外部性。因此，政府作为公共产品的有效提供者，突发公共卫生事件巨灾保险作为准公共产品，仅依靠私人部门的作用难以支撑整体的运作与管理，而政府介入保险市场，能有效解决部分社会成员"搭便车"的现象，防止无人提供保险的现象出现。

## 2.2.2 信息不对称理论

许多经济学理论中，都将市场信息是完全的作为前提条件。然而，客观市场并不是理想的有效市场，信息公开存在严重的时滞性，且信息的获取能力存在一定的差异性，导致市场中广泛存在着交易费用。在实际市场经济活动中，各经济主体之间信息拥有量往往存在差异，信息充分方会在市场交易中处于有利地位，信息缺乏方则处于劣势地位，这就是所谓的信息不对称理论。信息不对称理论作为微观信息经济学研究的核心内容之一，也越发受到各市场主体重视，从信息的收集、加工、传输进行有计划、有组织、有领导的管理，也就是对信息资源和信息活动进行管理。

信息不对称理论最早由约瑟夫·斯蒂格利茨、乔治·阿克尔洛夫以及迈克尔·斯彭斯共同提出，该理论认为市场中的卖方比买方更能获得有利地位，因为卖方掌握了更多关于商品或服务的信息，通过向买方传递可靠消息而从中受益。相反，缺乏信息的买方则会为了获取相关信息而支付相应的成本。信息不对称程度越高，信息劣势方付出的成本越多。信息不对称的主要内涵包括两个方面：一是指时间上的不对称。交易双方在获取相同信息的时间上存在着先后顺序，先获取信息的一方在交易前极易产生逆向选择风险，在交易后极易发生道德风险。二是信息内容上的不对称。交易双方获取的内容量存在差异性，这既包括外部信息，也包括内部信息，如行业环境、政府政策、企业运营状况、投资者知识背景等。社会分工、知识专业化、信息资源的稀缺性和信息成本收集的差异性是引发信息不对称的主要原因。

事实上，信息不对称的现象在市场中无处不在，如公司内部员工对企业的内部运营状况、财务状况以及盈利能力有着更深刻的理解，而投资者对企业的内部信息了解甚少。信息通常会影响市场价格的波动，进而直接关系投资的利益。信息不完全是造成经济主体决策不确定的原因之一，市场信息拥有量的多少已成为影响投资行为和投资决策的重要因素。投资者拥有的信息越多，就越容易在经济活动中受益。信息不对称可能会引发市场失灵，造成不公平的交易和竞争，损害信息劣势方的经济利益。通常认为，及时的市场信号显示能够有效缓解信息不对称问题，政府干预市场是解决信息不对称的重要手段，建立健全信息披露制度，并严格监管各经济主体的实施，全面加强诚信建设，建立起相互信赖、相互认可的经济关系。信息不对称理论的提出，为市场经济中各种现象的解释提供了一个新视角，甚至对博弈论的发展具有推动作用。

### 2.2.3　外部性理论

18 世纪工业革命的出现，"机器时代"被宣告正式到来，大规模机器化生产取代了手工业生产，社会生产力得到极大的发展，煤炭、钢铁的不断消耗导致社会资源稀缺，加之因企业的快速发展而引发的环境污染问题越来越突出，企业的生产规模得到极大限制。企业要想扩大生产规模，就得付出资源开发和生态环境治理的成本，追求利润最大化的企业希望将成本转移到其他企业和社会组织上去。但是毫无疑问，这对整个社会来说是不公平的。因此，外部性理论基于这样的背景诞生了。

外部性又称为外部成本、外部效应或溢出效应。外部性理论由福利经济学代表人物庇古最早提出，由新古典经济学代表人物马歇尔不断发展而形成。学者们关于外部性的定义至今还没有出现统一的说法。不同领域的经济学家对外部性有着不一样的定义。萨缪尔森和诺德豪斯从外部性产生主体的角度，认为外部性是指某些生产或消费对其他团体强征了不可补偿的成本或给予了无须补偿的收益。兰德尔则从外部性接受主体的角度来定义，当一个行动的某些效益或成本不在决策者的考虑范围内时出现的低效率现象，或是某些效益被给予，或某些成本被强加给没有参加这一决策的人。因此，外部性是指一个经济行为主体的经济活动对其他经济主体产生有利影响或不利影响，这种有利影响带来的收益或不利影响带来的损失，从事经济活动的主体不能获得相关利益补偿或不需要承担相应的损失。这种产生正面影响的外部性称为正的外部性，产生负面影响的外部性称为负的外部性。另外，按照外部性的影响效果，可以分为外部经济与外部不经济，按照产生的领域划分，可以分为消费的外部性和生产的外部性。

外部性是使市场失灵的原因之一。无论是正的外部性还是负的外部性，边际社会成本与边际私人成本、边际社会利益与边际私人利益之间都会存在不平衡，进而导致私人部门的最优产量和社会最优产量出现偏差，影响市场对资源的配置，且仅仅凭借市场调节无法实现资源配置的最优效率。因此，外部性是政府干预市场的重要原因之一。政府缓解因外部性而导致市场失灵的措施主要有三种：一是利用税收或财政补贴手段。庇古在1920年的《价值与财富》一书中提到，将征收"庇古税"作为治理外部性的方法。政府对带来正外部性的企业给予财政补贴，使其私人利益与社会利益达到平衡；对带来负外部性的企业增加税收，使其私人成本等于社会成本，从而实现社会资源配置的最优均衡。二是政府通过合并的方法使外部性得以"内部化"，消除外部性产生的负面影响。三是明晰产权，科斯定理认为，只要产权界定清晰，在交易成本很小甚至为零的前提条件下，无论财产权属于谁，市场均衡都是有效的，能够在资源配置中实现帕累托最优。科斯定理通过市场机制为解决外部性问题提供了一条新途径，对经济运行效率起着十分重要的作用。

## 2.3　协同与博弈理论

### 2.3.1　协同理论

客观世界都存在着各种各样的子系统，自然界或人类社会，宏观世界或微观世界，这些表面上看起来完全不同的系统，却具有相似的规律性。协同理论便是揭示这样一般演化规律的理论。协同论又称"协同学"或"协和学"，由德国著名物理学家赫尔曼哈肯创立。他于 1969 年在斯图加特大学授课时第一次提出了"协同理论"概念，并于 1971 年正式提出了协同理论的基本思想，随后在《协同学导论》一书中构建了一套协同学理论框架。1989 年在《高等协同学》一书中，对协同理论进行了系统性的阐释。从此，协同学理论开始得到全面而系统的发展，被认为是现代系统思想的重要发展。

协同理论主要认为虽然世界各个系统之间存在或大或小的差异性，甚至连自身属性都完全不同。但是，从全局观上来看，各个子系统之间存在着既相互影响又相互合作的复杂关系，如企业部门之间的协调关系、不同企业间的竞争关系以及各组织之间的制约与抗衡。协同论的核心思想是能将无序变成有规律可循。当外部环境力量对体系内的各种因素产生一定作用时，各个子系统之间会进行相互作用和协作，以至于体系内每个要素之间出现耦合的状态。协同论将子系统从整体系统中抽离出来，分析其类似性，探究其间存在的客观规律，是无序到有序的认识过程，并建立一套用统一的思想解决复杂问题的理论框架。协同理论提出了几个关键性概念：（1）序参量。序参量是衡量系统内部的宏观有序程度。一个远离平衡态的系统中子系统之间的信息、物质、能量的联系十分微弱，彼此之间处于相互独立的状态，此时序参量的值为零。但当系统受到外部力量的影响，导致子系统之间的信息、物质、能量联系紧密，彼此相互独立的状态被打破，子系统间无规则运动和相互作用加快，当超过某阈值时，系统间便出现了关联运动导致的协同运动，子系统间的协同运动占据主导地位，由此产生了新的、有序的宏观结构。（2）随机涨落。涨落是促成系统有序的重要动力。由于受到外部环境的波动、子系统的独立运动以及系统间的局部耦合，使得系统出现偏离平均值的起伏状态。大多涨落得不到子系统的响应，一旦子系统接收到响应，涨落带来的影响从局部放大到整个系统，形成推动系统进入有序状态的新涨落。一般来说，当系统接近有序状态时，涨落表现得更加频繁。（3）自组织。一个系统从无序状态变成有序状态，或从旧的有序状态变成新的有序状态，需要不断进行相应的能量、物质、信息交换，但外部环境在系统相变时并没有发生实质性变化。因此，相变是由系统内部自发组织起来的，通过各种各样的信息反馈来强化和控制这种组织的结构就称为自组织。

协同论的发展以多学科联系为基础，运用类比方法将无序到有序的内在现象发展出一套数学模型和处理方案，其后发展成为研究不同事物共同特征及其协同机理的新兴学科，并不断获得迅速发展，广泛运用到其他领域的综合性学科。在教育、社会管理、企业管理、交通运输等日常领域中得到广泛使用，甚至发展出了协同管理理论、协同治理理论、区域协同理论等，为我们处理纷繁复杂的问题提供了全新的视角。

### 2.3.2 博弈理论

囚徒困境是博弈论中一个非常经典的案例，两名囚犯因犯盗窃罪被捕，但警方并没有确凿的证据可以证明两人犯了抢劫罪。警方便将两名囚犯分离审查，关进不同的屋子，不许他们互通消息，并声称：若两个人都供认，每位囚犯会同时因为盗窃和抢劫被判两年；若一人供认而另一人拒供，供认者因立功而免于受罚，拒供者便会按照抗拒从严的管理办法被重判五年；若两人都拒供，两人都会因为盗窃罪被判半年。两名囚徒基于理性的分析，双方都拒供属于最优选择，但该事件发生的概率较小，且风险较大。若对方拒供，自己供认会直接获释，所以供认更有利；若是对方供认，自己供认才能获得更低的刑期。因此，这场博弈论中的稳定结果是两个囚徒都会选择供认。

博弈论又称为对策论、赛局理论，最早由冯·诺伊曼和奥斯卡·摩根斯坦于 20 世纪 50 年代引入现代经济学，现已成为经济学领域的重要分析工具之一。博弈论是指两人在平等的比赛中利用对方的策略不断改变自己的决策，以实现取胜的目的。博弈论假设决策者都是理性人，会依据博弈中个体的预测和实际行为来优化自己的策略，以达到利益最大化。博弈论的应用非常广泛，小至日常生活中需要分析他人的行为做出合理决策，大至企业竞争、环境保护以及公共资源的开发与利用等。根据不同的分类标准，博弈论大体可以分为合作博弈和非合作博弈、静态博弈和动态博弈、完全信息博弈和非完全信息博弈。

合作博弈理论是政府与市场的关系中常用的理论。合作博弈具体是指博弈各方能够共同达成一个具有约束力和强制性的协议，强调集体的理性，各方之间的效率、公平正义。合作博弈的基本形式是联盟博弈，核心问题是参与者如何联盟以及解决联盟后的收益分配问题。这种博弈形式的好处是能同时增加双方利益，或者至少是在不损害另一方利益的情况下增加另一方的利益，从而提升整个社会的整体利益。各方利益都得以提高的原因在于合作剩余的产生。合作剩余的分配涉及各方的力量平衡和制度设计，它既是合作的最终结果，也是合作的前提条件。因此，合作博弈的结果必然是帕累托改进，即每个参与者都能比不合作获得更多的利益，合作的整体收益大于不合作的收益。静态博弈是指在博弈中，两个主体同时做出选择或不同时做出选择，但后行动者并不知道先行动者采取什么样的具体行动；动态博弈是指在博弈中，两个参与人有行动的先后顺序,且后行动者能够观察到先行动者所选择的行动。完全信息博弈和非完全信息博弈的区别就在于是否对其他参与人的特征、策略以及收益函数信息了解得足够准确。在实际运用中,往往会更多讨论不完全信息动态博弈与不完全信息静态博弈。

# 第 3 章

# 突发公共卫生事件巨灾保险可保性和效应分析

## 3.1　突发公共卫生事件巨灾风险的可保性分析

### 3.1.1　传统风险可保的理想条件

风险可保性是开展一切保险活动的前提，是开展巨灾保险的先决条件，是巨灾保险的产品种类、费率厘定、理赔条款等机制设计的坚实基础。一般来说，理想上，传统可保风险应当具备以下几个条件：一是风险必须是纯粹风险，是只有损失可能而无获利机会的风险。二是风险必须具有不确定性、随机性，包括风险发生的时间、地点、对象以及损失程度具有偶然性。这主要区别于人为故意引起的风险事故，不确定性还暗含在风险事件发生前是已知的，至少对风险有所了解。三是风险具有低频高值（LPHV）的特点，风险发生的概率较小，但发生所导致的损失是重大的，只有风险会对投保人造成巨大损失，购买保险才有意义。并且保险人可以通过风险经济损失研究方法或根据以往的记录测算或统计出损失金额；四是风险满足保险业大数法则和概率论，即同时有大量同质独立的风险单位存在，且大多是风险单位不会同时遭受损失，只有这样才能估算出合理的保费；五是保费未超过投保人的经济承受范围。为了达到良好的风险分摊的效果，传统可保风险的理想条件从保险人财务能力、经济效益和能否正常且合理地操作等方面去考虑，成为保险人衡量某风险是否适合承保的重要理论依据。

### 3.1.2　巨灾风险与传统可保性条件的冲突

显然，巨灾风险并不完全符合传统可保风险的理想条件，巨灾风险虽然是纯粹风险，满足低概率、高损失的特点，即发生的概率为偶然的、随机的，但是产生的后果却是整个社会难以承担的。巨灾风险只满足部分可保风险的理想条件，与传统可保风险理想条件的冲突主要体现在以下几个方面。

（1）巨灾风险的模糊性。巨灾风险作为典型的模糊性事件。基于历史信息和经验数据的缺乏，对巨灾风险发生的时间、区域无法进行准确的预测。巨灾风险的发生本就是一种客观规律，不以人的意志为转移，纵使科技足够发达，也无法阻止其发生，甚至人类的社会行为还会引发巨灾风险，增加巨灾风险发生的频率。巨灾风险发生的不可预测性，直接导致保险公司无法依据风险的性质合理确定巨灾保险的保费。另外，保险公司自身认知水平的偏差和缺乏准确的巨灾风险损失评估机制，也是导致巨灾风险模糊性的原因之一。保险人缺乏足够的专业知识和正确的风险识别能力，导致保险人承保巨灾的风险增加，市场上难以提供与需求相匹配的巨灾保险产品。目前，关于巨灾风险损失的测量技术还没有完全成熟，难以对巨灾风险发生的概率和损失做出正确的评判和估计，现有的巨灾损失评估工具往往存在预测不及时以及数额不准确的问题，且巨灾风险又多为突发性事故，大大提高了损失评估难度。这导致巨灾保险公司难以设计出多元化的保险产品，以及利用精算定价原则估算出合理的保费。但是，模糊性并不导致巨灾风险不可保。阿莱悖论和埃尔斯伯格悖论指出，人们对于模糊型风险事件多表现为风险厌恶性，并倾向于高估这种风险事件带来的损失，人们的风险厌恶性越高，越渴求补偿性措施的出现，这在一定程度上加大了巨灾风险为可保风险的可能性。

（2）保险公司无法同时聚合大量同质的风险单位。同质的风险单位损失发生的频率和程度具有相同性，可方便保险公司进行风险的集合与分散，为企业创造经济效益，维持保险公司财务稳定，这满足保险公司愿意承保风险的基本原则——"大数定律"。巨灾风险具有明显地域性、季节性以及低概率性，例如我国台风、洪涝多发生在雨水充沛的夏秋季节，因此在特定的区域和特定的时间内难以同时聚集大量同质的风险单位。但若将保险的覆盖面积拓展到整个区域、国家甚至全球范围来看，聚集大量同质的风险单位的条件并不是绝不能实现。另外，某些巨灾风险本就不具有普遍性的特点，像卫星与核电站等风险，无论从横向还是纵向来看，其受灾单位都属于极少数的。

（3）巨灾风险的损失可能会超过保险公司的经济承受能力。巨灾风险的影响范围广、传播速度快，往往会造成多数标的物同时受损，而一般风险通常只会导致部分标的严重受损，且不具有明显的传播性和传染性，对社会经济和公众安全的威胁性较小。而巨灾风险常常表现出区域内大多数标的受损，甚至形成全球灾害。同时，巨灾风险具有高度相关性，一种巨灾风险的发生极可能会引起另一种巨灾风险，如等级高、强度大的台风常常诱发暴风雨、洪水、泥石流等一连串的其他灾害。同时，巨灾风险表现出明显的区域性，各区域内人口流动频繁、经济活动紧密，极大地加重了地区遭受的经济损失程度。巨灾风险高损失的特点直接导致保险公司的资产无法承担起高昂的理赔额，甚至致使企业面临着破产的可能。

### 3.1.3　巨灾风险可保的理论依据

巨灾风险与可保风险之间似乎存在一条巨大的"沟壑"，但可保风险的理想条件是相对的，经济学的相关理论基础也许能帮助我们应对巨灾风险不可保的难题。期望效用理论作为市场经济主体决策的重要理论基础，其理论在不断丰富与发展过程中产生了许多重要的保险定价原理，提高保险人损失评估能力，一定程度上对巨灾保险定价具有重要作用。

风险均衡理论和风险分散理论可运用于巨灾保险风险分散方面，分散单个保险人承保风险，完善再保险在巨灾保险中的运行机制，提高保险人偿付能力。另外，分析巨灾风险的可保性应当结合实际与发展情况，建立并完善巨灾保险机制，将巨灾保险产品特殊化处理，在一定程度上可将巨灾风险变成可保风险。

1. 期望效用理论

期望效用理论作为经济学理论的重要基石，是研究许多行为决策的基础，保险学框架是在此基础上建立起来的。在保险行为中，投保人是否愿意接受投保，取决于不投保获取的效用水平与投保后的效用水平相比较，若存在多个保险契约，投保人便会在接受各种类型契约所获得的效用水平之间比较并进行风险决策，选择使得自身效益最大化的方案。各学者通常将均值—方差模型和衍生的收益—风险模型视为不确定性条件下进行合理决策的理论基础。从保险人角度来说，保险产品定价、准备金提取比例、再保险自留总额等问题都是不确定条件的保险人决策问题。因此，期望效用理论对解决投保人是否投保和保险人如何运营的问题具有十分重要的意义。

基于期望效用函数可以构造多种形式的保费定价原则以及定价模型，主要有零效应原理、指数保费原理、中值保费原理、损失函数保费原理、Esscher 保费原理、Orlicz 保费原理等等，其效用函数和具体定价模型如表 3 - 1 所示，期望效用理论在保险定价中发挥着基础性作用。但是，许多保险定价模型都是基于理想状态设定的，其实际运用还需结合现实情况。在实际保险公司决策中，常常采用"纯保费 + 附加保费"的定价模式。基于对期望效用理论中"独立性公理"的质疑和结合巨灾风险的现实条件差异，20 世纪 80 年代逐渐建立起了对偶理论（Dual Theory）、预期效用理论（Anticipated Utility Theory）和秩依效用理论（Rank - dependent Utility Theory）。根据巨灾保险的特点，形成了一套保险定价公理化体系，建立了保险失真定价法、均值失真保险定价原则、优良精算性质以及分保方式，理论研究工具的拓展对巨灾保险产品的开发具有重要的现实意义。

表 3 – 1　　　　　　　　　　　常用的保费定价原理

| 保费定价原则 | 效用函数 | 定价模型 |
|---|---|---|
| 零期望效用保费原理 | | $E[\mu(P-X)\mid\theta] = \int\mu(P-x)dF(x\mid\theta) = 0$ |
| 指数保费原理 | $\mu(x) = 1 - e^{-\alpha x}, x > 0$ | $H[X] = \dfrac{1}{\alpha}log^{E(e\alpha X)}$ |
| 中值保费原理 | | $E[\mu(X)] = \mu(H[X]) \rightarrow H[X]$ <br> $\mu^{'}(x) > 0, \mu^{''}(x) \geqslant 0$ |
| 损失函数保费原理 | | $E\left[\dfrac{\partial L(X-H[X])}{\partial H[X]}\right] = 0 \rightarrow H(X)$ |
| Esscher 保费原理 | $\mu(x) = xe^{-\lambda X}$ | $H(\theta) = \dfrac{E[X x_{n+1} e^{\lambda X_{n+1}}\mid\theta]}{E[e^{\lambda X_{n+1}}\mid\theta]}$ |
| Orlicz 保费原理 | | $E\left[\mu\left(\dfrac{X}{H(X)}\right)\right] = \mu(1) \rightarrow H[X]$ <br> $\mu^{'}(x) > 0, \mu^{''}(x) > 0$ |

#### 2. 风险均衡理论

风险均衡理论是现代投资组合理论的最新发展成果，旨在通过优化资产组合中各类资产的权重，实现不同资产风险贡献的基本平衡，从而达到风险均衡和收益稳定的目标。风险均衡的本质是通过等权重将总风险贡献分配给不同的风险因子，中和组合内的某类风险，实现整体的稳健收益。风险均衡以风险贡献与收益分布的关系为前提，而风险贡献与整体方差的比值就是风险贡献率。配置风险而非资产是风险均衡理论的核心发展成果，强调控制相对风险，力求各类资产的风险处于相对均衡水平，控制投资组合的内部风险，从而增强整体抵御风险的能力。而传统资产配置强调配置资产及其结构，通过控制组合的波动性和绝对风险，达到降低整体风险的目的。

巨灾的产生范围并不仅局限在某地区或某国，受地理因素的影响，通常同时存在于多地区或多国，如埃博拉病毒主要分布在热带雨林和热带草原地区，刚果共和国、尼日利亚、肯尼亚、埃塞俄比亚等国是主要被感染地区。同时因各国间经济、政治、文化交流紧密，直接使得某些呼吸性传染病在大范围内扩散，导致突发公共卫生事件的影响范围远远不止单个国家，通常影响几个洲甚至全球。另外，由于巨灾风险的相关性，常常会导致某种巨灾风险的受损单位增加，所以形成全球巨灾风险市场的前提并不难以实现。一旦将全球的巨灾风险看成一个投资组合，组合内风险的种类就会趋于多样化，全球再保险公司便可以利用转移来的巨灾风险形成全球性投资组合，通过降低来自某个地理区域的索赔风险权重，可以极大地减少因相关巨灾风险而导致的负面影响。风险均衡理论讨论巨灾风险组合的优势，可极大程度地解决保险公司经营不善或破产的问题，弱化巨灾风险不可保的条件。

3. 风险分散理论

风险分散理论是为了解决投资组合的风险而产生的，主要分析整体投资组合风险在单个资产间的帕累托最优配置。威廉夏普的 CAPM 模型就是其最具代表性的理论之一。随着学者们对风险分散理论的不断丰富与发展，风险跨区分散理论与跨时分散理论逐渐得到重视，当投资者不一定能得到利益最大化时，可根据地理位置分散其投资风险。突发公共卫生事件扩散速度快、传播面积广的特点恰好契合风险分散理论的前提条件，巨灾风险多表现为多区域、多国同时受损，如新冠肺炎疫情已发展成全球性灾难，在较大的时空维度满足大数法则。保险人通过发展多种业务产品，实现内部产品多元化，同时购买再保险来对冲保险组合的剩余风险。再保险通过建立不同地区之间的分保业务，将所持有的风险分散给其他保险人，以此达到降低单个区域或单一国家风险的目的，实现巨灾保险风险管理的转变。可见，巨灾风险在全球范围内可以满足可保性。各国政府正逐步消除保险相关证券（ILS）市场发展的监管障碍来深化和增加保险市场，促进巨灾保险风险跨时间和跨地区分散机制的建立与发展。

4. 风险分解理论

巨灾保险的赔付额与财产损失、人员伤亡有着紧密相关性，成本高已成为保险人运营巨灾保险的主要难题，且风险集中于保险行业，再保险也只是将风险从一个保险人的手中转移到另外一个保险人上，且潜在损失巨大或风险相关性较高时，再保险的效率会进一步降低。资产证券化作为金融市场风险分散的有效工具之一，似乎为保险业降低经营风险提供了新途径。罗伯特和理查德（Robert and Richard，1973）提出利用保险市场与资本市场相结合的方法，发展风险证券化来解决保险公司承保能力有限的问题，能有效增加巨灾保险的市场供应量。国外相关成功经验表明，巨灾风险证券化能有效地化解保险业承保巨灾保险的问题。如巨灾债券的保险联结证券（ILS），特殊目的公司（SPVs）向原保险人或再保险人提供再保险合约，约定特定的灾害事件发生时向其支付相应的补偿金额，而 SPVs 则主要通过向投资者发行证券获取资金，投资者通过管理其投资组合来降低投资风险，以较低的资本成本实现了巨灾风险的分散。灵敏度分析、波动性方法、VAR、压力测试等风险管理办法的发展，为巨灾风险管理工具的开发与推广奠定了理论基础。

## 3.2　突发公共卫生事件巨灾保险的效应分析

### 3.2.1　风险分散效应

由于突发公共卫生事件对人身和财产都具有威胁性，突发公共卫生事件巨灾保险属于综合保险，能有效分散市场风险，成为有效管理灾害风险的重要手段。突发公共卫生事件巨灾保险是特殊的政策性保险，政策化管理与市场化运作的模式决定了其对国民经济的稳定具有重要的现实意义，最重要的功能应属于风险分散效应。一是突发公共卫生事件巨灾保险同其他传统人身保险或财产保险的基本运作模式相同，即风险发生前订立保险合同并收取合理的保费，理赔触发机制又将保费收入再重新分配给每位符合理赔条件的被保险人，实质上是成功实现了社会收入的再分配，这种共济互助的模式是保险不可替代的优势。风险发生后的理赔提高了部分被保险人现有的财富水平，有效均衡风险事故对家庭单位造成的损失，充分发挥巨灾保险的分担损失作用。二是保险利用再保险和证券化手段能分散自身承保突发公共卫生事件的风险。我国《保险法》明确规定，保险公司对每一危险单位，即对每一次保险事件可能造成的最大损失所承担的理赔责任，不得超过实有资本金加公积金总和的10%，超过的部分应当办理再保险。再保险作为一种风险管理方式，凭借再保险特殊机制分散巨灾风险的损失影响。

巨灾风险证券化将保险市场上的风险直接转移到资本市场，突破了投保人、原保险人与再保险人之间风险分散和转移的桎梏，而且具有更大的风险承受能力，可轻易化解危害更大、更复杂的风险。

### 3.2.2　金融乘数效应

#### 1. 盘活财政资金，扩大财政效力

突发公共卫生事件是由传染性疫情、群体性疾病以及食物和职业中毒等因素引发，造成集体性损失，并对社会经济关系产生一系列连锁反应的社会风险。为防止突发公共卫生风险衍变、扩散至其他领域形成系统性风险，政府会加大公共财政支出为灾区建设基础设施、投入医疗设备和维持居民的基本生活，短期内加重政府的财政压力，发生财政赤字危机。2003 年 4 月，按照国务院关于建立突发公共卫生事件应急机制的要求，中央财政安排专项资金 3.1 亿元，用以第一阶段应急机制建设。截至当年 5 月，中央和地方用于防治 SARS 的费用共达 126 亿元，超过1999～2001 年三年的救灾支出总额。并出台一系列税收减免和财政性收

费减免的政策，财政资金巨幅波动，甚至面临严重短缺的局面①。"政府财政资金＋巨灾保险"的机制，能合理调节社会总需求和总供给，激发企业和家庭投保意愿，乘数效应放大能产生增量资金，可以有效盘活财政预算存量，用于灾害防治工作中。

### 2. 有效对冲灾害损失，保障家庭和企业财富

一般来说，保险对社会个体来说最重要的作用是转移风险、减少财产损失，达到合理配置家庭资产、有序安排生活的效果。这都得益于保险产品保费与保额之间杠杆效应明显，个人或家庭若事先没有投资保险，为了支付突发事故的治疗费用，未来可能多花费几倍于保费的储蓄。但若事先参保，在保险特殊的杠杆效应下几千元的保险最终可能得到几万元的赔付，而杠杆性最大的保险能够将风险降低到最小化，提高的保险收益性能极大地分担家庭压力。突发公共卫生事件保险同样在现有保险体制内按照保险客观规律运行。

突发公共卫生事件巨灾保险是对冲家庭或企业资产风险最有效的策略。因突发公共卫生事件导致家庭主要收入来源的个人丧失收入能力或者重要资产遭受严重损失时，突发公共卫生事件保险可以及时补充大量流动资金，堵住风险敞口。2003 年发生 SARS 期间保险业共赔付 313 例，累计赔付金额 500 多万元。2019 年年底暴发新冠肺炎疫情，至 2020 年 2 月 27 日，保险业对于新冠肺炎疫情专项赔付累计金额已经超过 7600 万元，共计赔付案件 90860 件。其中人身险公司新冠肺炎相关理赔累计 1059 人次，共计赔付 6802.88 万元；财险公司累计赔付案件 89795 件，累计赔付金额 4220.01 万元。保险业在发生突发公共卫生事件时一直积极开发政策性产品或拓宽承保范围，基于合理的保费下发挥着风险管理

---

① 方震海. 抗击"非典"中的积极财政政策［J］. 中国财政，2003（06）：9 – 11. 金融界. 保险战"疫"记下：从 SARS 经验看新冠肺炎疫情对保险市场的八大影响［EB/OL］. https：//baijiahao. baidu. com/s？id = 1658156487185423859&wfr = spider&for = pc，2020 – 02 – 10.

和社会保障功能。① 中国人寿保险对 34 款保险产品进行新冠肺炎疫情相关保险责任的扩展。与 2003 年非典疫情赔付案例和赔付累计金额相比，保险公司的社会保障能力增强。突发公共卫生事件巨灾保险配合政府政策，能最大化促成普惠性质的实现。②

### 3.2.3　社会保障效应

保险作为社会"稳定器"，经济发展水平越高，保险的重要性就更加突出。一是突发公共卫生事件巨灾保险具有正外部性。作为准公共产品的突发公共卫生事件巨灾保险决定其是具有利益外溢性的产品，社会收益远远超出私人收益。突发公共卫生事件巨灾保险为遭受灾害的整个群体提供经济损失补偿，对国家经济发展、政治稳定、社会安宁具有重要的现实意义，远非保费收入和保险赔偿额所能衡量。二是突发公共卫生事件巨灾保险作为"社会稳定器"能够发挥经济创造力的补偿作用。新冠肺炎疫情导致居民居家隔离，企业停工停产，社会经济几近陷入瘫痪的局面。各保险公司联合政府政策建立"政府 + 保险公司 + 企业复工复产保险"的合作机制，主动开发保险产品种类和积极承担社会责任，为大力支持各中小企业复工复产，推出"复工防疫险"和"营业中断险"等。这增加了企业复工的信心和为企业因中断营业而增加的额外费用和经济利润的损失提供保险保障，提高企业融资增信能力，对恢复经济生产活力与维持经济秩序具有举足轻重的意义。

### 3.2.4　独特激励效应

#### 1. 联合政府政策推进防灾减灾计划落实

由于缺乏政府的权威，保险公司并不能直接要求被保险人采取减轻

---

① 中国保险行业协会."抗击疫情，保险业在行动"3 月 2 日简报［EB/OL］. http：//www. iachina. cn/art/2020/3/2/art_22_104306. html，2020 - 03 - 02.

② 中国银行保险报网. 中国人寿全力应对河北疫情［EB/OL］. http：//xw. sinoins. com/2021 - 01/28/content_380586. htm，2021 - 01 - 28.

损失的措施。但是，保险公司可为缓解灾害损失提供独特的激励机制。保险公司可以配合政府政策合作制定防灾减灾计划，激励个人和企业严格执行法律法规，包括强制性的建筑法规和土地使用规范，推动防灾减灾计划的真正落实。1992 年美国安德鲁飓风给南佛罗里达州造成了灾难性的破坏，据统计有近 13 万栋房屋受损或毁坏，累计经济损失高达 265亿美元。其中，佛罗里达和霍姆斯特德受损程度最为严重，全市内建筑物顷刻间都夷为平地，霍姆斯特德空军基地和大沼泽地国家公园已失去重新修建的价值，可见飓风的破坏程度有多高。① 因此，经过此次飓风灾害，各州都开始强调严格执行建筑法规的重要性。事实也证明，几乎或根本没有执行或遵守建筑法规的地区，飓风造成了数十亿美元的额外损失。

## 2. 激励公众采取降低风险损失的措施以实现保费优惠

保险在倡导被保险人实施降低风险损失的措施上具有天然的优势。保险公司制定保费遵循着基于风险的原则，以便向被保险人释放准确的危险信号，而突发公共卫生事件作为 LP - HC 风险，承保风险高代表其保险费用高，但保险公司可以鼓励被保险人增加降低风险损失的措施来实现降低保费的目的，实现巨灾保险的可负担性和普及性。突发公共卫生事件的特点决定突发公共卫生事件巨灾保险的建立必定离不开政府的支持与合作，相比纯政府化运作的保险模式，政府与市场合作的巨灾保险模式在建立降低风险损失的激励机制上动机更强烈。保险公司有理由为了减少经营压力与管理成本而积极推动降损激励机制的实施。

---

① 中国天气网. 美国百年来共有 7 个飓风损失超过百亿美元［EB/OL］. http：//www. weather. com. cn/index/gjtq/08/1460313. shtml，2011 - 08 - 19.

# 第 4 章

# 突发公共卫生事件巨灾保险运行的
# 供给和需求分析

　　突发公共卫生事件巨灾保险的供给和需求，本质上是保险的供给和需求问题，是一个经济学话题。保险从诞生发展到现在，已经有完善的市场和运行体系，其为投保人提供了生命、财产安全保障。随着经济社会的发展进步，加上自然灾害、人为事件、公共卫生事件等的发生，保险人开拓保险市场，对诸如此类的巨灾风险事件进行研究，经过厘定费率、产品设计、产品推广等，逐渐形成了巨灾保险市场。另外，面对客观存在并且有一定的发生概率、带来巨大损失的巨灾风险事件，社会中的理性经济人依据自身经济状况和可能发生的风险事件，选择积极寻求保险保障，进而产生相应的巨灾保险需求。保险的供给和需求是保险市场存在和发展不可或缺的因素。有少量需求或需求不足，卖方的供给成本得不到补偿，保险公司的生存条件不能满足，市场不能长久发展；无法提供供给或供给不足，买方的需求潜力巨大，有效需求得不到满足，市场也不能健康发展。突发性公共卫生事件巨灾保险的需求和供给亦是如此，虽然我国巨灾保险市场的发展晚于西方国家，制度建设、保险市场体系建设等方面还不完善，但是也正在逐步加大对巨灾保险和巨灾风险的关注，推进巨灾保险制度的建设。本章内容重点在于如何测度巨灾保险的需求和供给以及分析在当前的环境下巨灾保险的需求和供给的不足、巨灾保险需求和供给增加的可能性。

## 4.1　突发公共卫生事件巨灾保险运行的供给分析

### 4.1.1　突发公共卫生事件巨灾保险的供给能力度量

我国 2020 年正式提出构建突发公共卫生事件巨灾保险机制，并致力于建设好现代化的巨灾风险应急管理体系。[①] 而在建设的过程中，必定要探讨巨灾保险存在的根本，即巨灾风险是客观存在的，其发生会带来极大的人身财产损失，这会激发投保人的保险需求，保险需求会促进巨灾保险供给。巨灾保险的需求和供给是经济学问题，如何量化需求和供给是问题的关键。

突发公共卫生事件保险供给同其他保险供给类似，是指在一定费率水平下，保险市场上各保险公司在一定时期内依据自身经营状况愿意并且能够提供给全社会的保险数量，既包括单个主体提供的保险产品数量，也包括整个保险市场提供的总数量。在诸如新冠肺炎疫情背景下，突发公共卫生事件巨灾保险供给转化为有效供给必须满足两个条件：一是在一定保险费率水平下，保险公司提供突发公共卫生事件巨灾保险的意愿；二是保险公司有能力提供相应数量和品种的突发公共卫生事件巨灾保险。在前述分析中我们可知，突发公共卫生事件巨灾保险有别于一般的人身险和财产险，可保性方面有一定的特殊性，但是基于基本的保险理论，突发公共卫生事件巨灾保险的供给分析也可从保险供给理论进行探讨。长期以来，相关研究人员和产品设计者一直在寻求准确衡量保险供给能力的方法，保险公司供给水平与保险产品的成本、保险价格、承保技术以及其他保险公司替代品等因素有关。同时，保险供给能力与保险人的

---

① 证券时报网. 中国人保：推动构建突发公共卫生事件巨灾保险机制［EB/OL］. https：//news. stcn. com/news/202003/t20200326_1286780. html，2020 - 02 - 25.

资本、盈余承保能力有关。在研究的过程中,为确保能够把握研究对象,这时保险供给能力取决于保险人的供给愿意的程度以及依据其运行情况能够拿出来承担风险的资本和资本承担风险的密度,这就表现为保险的承保能力[①]。

学术界最早提出度量保险承保能力方法的是学者肯尼(Kenny,1957),由他提出的肯尼系数(承保能力比率)仍然在各国财产保险业中得到广泛的应用。肯尼提出,保险人的承保能力由承保业务量和保险人资本实力的比值来衡量,这一比值就被称为肯尼系数。其中,进一步细化衡量的指标,用保险人的承保保费表示保险业务量,所有者权益表示资本实力,该比值至少大于等于1。然而随着研究的深入,越来越多的学者发现该比率有提高的趋势,不能准确地反映保险公司的实际经营状况,因此认为保险公司承保的保费收入不应超过净资产的两倍,肯尼系数可稳定在1~2之间。根据国际财产保险业的实践经验来看,肯尼系数经常被控制在1~3之间。肯尼的肯尼系数法成为很长一段时期内学者研究保险人承保能力的重要方法。

但由于肯尼研究的局限性,仅将保险人的承保能力简单归因于保费收入和所有者权益,随着研究的深入和方法的应用,后有学者对该方法提出了质疑,斯通(Stone,1973)研究发现,这一指标与实际情况存在较大差距,并对该方法进行了改进。随着保险经济理论的不断发展与完善,多尔蒂(Doherty,1980)、尼尔森(Nielson,1984)、康明斯(Cummins,2002)等分别基于不同角度定义与测算了保险人的承保能力,极大地丰富了巨灾保险行业的承保能力、供给理论。康明斯(2002)以保险业赔付能力最大化为前提,将保险业的承保能力定义为保险人的损失分布和保险人财务结构之间的关系。左斐(2011)基于康明斯(2002)的研究,推算出了保险市场应对给定巨灾损失的承保能力的反应函数,

---

① 左斐. 中国巨灾保险供给能力研究 [M]. 北京:中国金融出版社,2011,16.

该函数表达式如下：

$$R_i \mid L = P_i + Q_i - E(T_i \mid Q_{i0,L})$$
$$= (P_i + Q_i)N(-C_i) + \mu_{Li\mid L}N(C_i) - \sigma_{Li\mid L}n(C_i)$$

其中，$R_i$ 为保险人 i 承保能力，$P_i$ 为净保费，$Q_{i0}$ 为保险人 i 年末的所有者权益，$\mu_{Li\mid L}$ 为既定巨灾损失 L 下保险人赔付的均值，$\sigma_{Li\mid L}$ 为既定巨灾损失 L 下保险人赔付的标准差，$C_i = \dfrac{P_i + Q_{i0} - \mu_{Li\mid L}}{\sigma_{Li\mid L}}$，N（·）是标准正态分布的分布函数，n（·）是标准正态分布的概率密度函数。根据该函数测算出来的保险总体承保能力足可以应对巨灾损失风险，从姚庆海（2007）的研究成果中可以被佐证。巨灾保险行业的承保能力、供给理论得到丰富和发展，为保险的供给提供了大量的理论支持，有利于保险产品的实践和创新。

## 4.1.2　突发公共卫生事件巨灾保险供给不足的具体性分析

突发公共卫生事件巨灾保险在我国处于部分地区试点阶段，供给方面还较缺乏，在巨灾保险试点进行的背景下，对突发公共卫生事件巨灾保险供给不足之处进行分析。

### 1. 突发公共卫生事件巨灾保险的边际收益低

根据经济学理论，在保险人承保能力一定的前提条件下，保险人投入到每一保险产品上的最后一单位承保能力所带来的边际收益（MR）应当相等，当边际成本与边际收益相等时，从保险人角度看是实现了利润最大化的。如图 4 - 1 所示，利润 π 曲线在均衡产量水平点 $Q^*$ 达到利润最大化。如果投入到巨灾保险上的边际收益要小于边际成本，理性的保险人便会降低对巨灾保险的承保范围而提高对其他保险产品的承保范围，直至承保突发公共卫生事件巨灾保险的边际收益与其他产品的边际收益相同时，保险人才会停止减少巨灾保险的投入。

事实证明，保险人承保突发公共卫生事件巨灾保险是一项高风险活动,风险造成的损失额具有不确定性。一旦发生突发公共卫生事件,产生的巨大经济损失将会迅速使得保险人的边际成本大大增加且超过边际收益,表现为在点 $Q^*$ 的右边,利润低于 $Q^*$ 的最高利润,甚至可能为负。保险人为了达到边际成本等于边际收益($SMC = MR$),直接表现为减少对突发公共卫生事件巨灾保险的供给量,使之重新回到 $Q^*$ 的均衡状态,导致市场上的巨灾保险供给量减少。事实上,在新冠肺炎疫情发生的背景下,突发公共卫生事件巨灾保险的市场情形也恰恰说明了供给的不足,相应的市场条件还不满足,市场情况还不明晰。同样,上述理论分析证明要想提高突发公共卫生事件巨灾保险的供给能力,必须要降低保险人的成本。政府可以对承保突发公共卫生事件巨灾保险的保险公司实行政策优惠,如财政补贴、免税或抵税,甚至可以按一定比例承担巨灾保险的赔付额,达到降低保险人经营成本的目的,促进我国巨灾保险的风险分散机制完善。

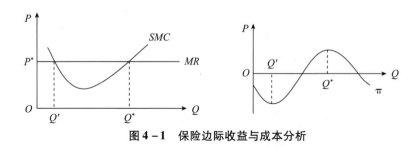

**图 4 - 1 保险边际收益与成本分析**

### 2. 资本市场难以提供成熟的风险分散机制

自 20 世纪 70 年代末起,我国开始实行由计划体制向市场体制的转变,推动了所有制变革和国有企业改革的深化,较之发达国家的经济、金融发展,由于缺乏与之相适应的金融体系,中国资本市场萌芽的产生较晚且市场发展不充分。40 多年来,我国资本市场已经历形成、初步发展、规范建设和深层次发展多个阶段,在较短时间内实现了高速发展,但背后存在着基础制度缺乏规范性、市场化发展程度低、发展层次不均衡等一系列问题。而一个完备的资本市场对我国发展突发公共卫生事件巨灾保险市场具有重要的支持作用。再保险作为我国巨灾保险风险分散的重要手段，再保险市场法律法规不完善、市场监管不到位、运营成本高和周期性波动等问题，限制了再保险在发挥分散巨灾保险风险上的作用。另外，巨灾风险证券化可以将风险直接从巨灾保险市场转移到资本市场。20 世纪 90 年代，巨灾风险证券化开始在一些发达国家萌发，并依托强大的资本市场支持和标准化的运作方式不断得到完善与发展。巨灾风险证券化依托于发达的资本市场、保险市场和消费者高度的巨灾风险意识，我国发展巨灾风险证券化还处于研究阶段，不仅存在市场发展时间短、发展不充分、市场运作体系不成熟、法律法规欠缺等普遍问题，还面临着法律监管障碍、技术转化难题（特别表现为产品定价问题）以及投资限制等特殊问题，进一步限制着巨灾保险风险对外分散，使得巨灾风险分散的渠道得不到扩展，导致保险公司自留风险增大，不愿或不能提供巨灾产品供给。

### 3. 保险公司偿付能力不足，易引发流动性风险

突发公共卫生事件是巨灾风险事件，其风险相关性极强，波及公共安全、生命健康和社会财富等多个领域，影响社会生产生活多个行业，带来的经济损失十分惨重。经营突发公共卫生事件巨灾保险的保险公司将面临巨额赔付问题，对公司资产负债结构、资金周转率、资本回报能力等财务问题提出巨大挑战，甚至引发流动性风险。2001 年美国爆发的"9·11"恐怖袭击事件，对美国国家安全构成直接威胁，这一事件连续的影响还使美国经济陷于濒临瘫痪的局面。不仅美国大多数产业受到直接经济损失，而且在经济全球化的背景下，全球经济也出现下滑的趋势，影响范围不断扩大。仅在"9·11"事件发生后短短的一周内，美国最大的财产保险公司 AIG 赔付额高达 5 亿美元，第二大寿险公司 MetLife 也赔付了 3 亿美元左右，CNA 金融保险集团赔付了 2.3 亿美元，整个保险业累计赔付金额达到 196 亿美元。另外，再保险行业也损失惨重，包括 Munich 再保险公司、伦敦劳合保险、瑞士再保险、通用再保险等。"9·11"

事件让美国甚至全球保险公司在短时间内产生重大赔付额，是对各个保险公司乃至全球保险业资产流动性的一次重大考验。这不仅需要我们对巨灾风险事件的发生进行重新思考，还需要对巨灾风险事件进行事前防范、事中救助、事后赔付的相关研究和探讨。一些发达国家和地区巨灾保险的推行也说明巨灾保险的重要作用。不得不注意的是，面对仍在全球范围内传播蔓延的新冠肺炎疫情，我国在举国体制下将疫情控制，但是保险市场发挥的作用较微弱，反映了将突发公共卫生事件视为巨灾风险事件对其进行承保时保险公司承保能力不足的特殊性问题。毕竟单一的保险公司应对巨灾风险的损失作用是微弱的，需要整个保险市场的巨灾风险管理，更甚者需要将资本市场和保险市场联合起来应对、转移、分散巨灾风险。①

### 4. 忽视建立巨灾数据库和人才培养制度

除了巨灾保险制度建设、巨灾保险试点以及加快灾害风险研究等实践工作是探讨突发公共卫生事件巨灾保险的重点内容之外，如何为巨灾保险的发展奠定坚实的技术基础，也是政府与巨灾保险市场主体需要深入思考的问题。一是建设巨灾风险数据库的问题。建设巨灾风险数据库是突发公共卫生事件等巨灾风险事件系统性工程的基础，是开展巨灾保险活动的重要前提条件。巨灾风险数据库是巨灾保险定量分析、构建巨灾模型的重要前提条件，也是提高保险业管理能力和服务水平的重要技术基础。政府应联合科技研究院、中国气象局、地震局、水利部等重要部门以及行业内各部门建立信息交流共享平台，将巨灾风险事件相关数据整理形成数据库，建立互利共赢的巨灾生态系统，以增强我国巨大灾害应急管理能力。二是技术挑战。技术能力问题归根到底还是偿付能力问题以及如何实现保得起、赔得起的重大目标。突发公共卫生事件等巨灾风险事件造成的损失往往巨大和不可预测，难以用传统保险精算、定

---

① 新浪网.9·11 的四大输家——航空业、保险业、金融业、旅游业［EB/OL］. http：// mil. news. sina. com. cn/2001 - 11 - 08/43069. html，2001 - 11 - 08.

价和储备金的方式来管理。并且，运作和管理巨灾保险业务通常涉及气象、地质、数学、金融、统计学等多个学科的知识和原理，而我国巨灾保险公司尚未建立专业人才培养制度，针对突发性公共卫生事件风险带来的损失难以做出准确的评测与估计以及运用精算原理解决实际问题，直接影响保险种类的开发，对经营巨灾保险一直持保守态度。因此，应该加强专业人才培养制度建设，引进专业人才，壮大研究团队，进而整合人力资源和市场资源，才有利于巨灾保险产品定价问题的解决以及后续巨灾保险的供给和推广。

**5. 突发公共卫生事件赔付率高**

同地震、洪水、台风等自然灾害一样，突发公共卫生事件发生带来的保险标的损失巨大，而且突发公共卫生事件巨灾风险的影响范围广、影响时间长，和传统的寿险财险不同，容易给投保单位带来不同程度的损失，并且损失的程度在同一突发公共卫生事件巨灾风险事故中具有高度的相关性，即短时间内就出现大量的同质保险损失，且数量还可能进一步扩大。突发公共卫生事件带来的这些损失的高度相关性使得保险公司面临巨额赔偿的高风险。正因为如此，实际中突发公共卫生事件巨灾保险的供给并不多。一方面，突发公共卫生事件一旦发生，带来的损失巨大，赔付率高，保险公司无法承担，将面临巨额亏损甚至破产，另一方面，因为巨灾保险是为损失巨大的巨灾风险事件进行保险保障，保险公司在没有明确的政策支持和税收优惠的前提下，经营巨灾保险势必会产生较高的经营管理成本，这些成本无法得到补偿，且未来面临高额赔付，将导致保险市场的崩溃，保险公司也会"趋利避害"，减少巨灾保险的供给。我国虽在东莞和宁波进行了突发公共卫生事件巨灾保险试点，设计的产品保费较低，但赔付率方面是否合理还有待进一步验证。

### 4.1.3　突发公共卫生事件巨灾保险供给增长的潜在因素

1. 巨灾风险管理理论与实践给予巨灾保险指导和启示

巨灾保险的发展不可能一蹴而就，由研究转向成果落地，需要经过大量的理论铺垫和实践检验。从现实的情况看，突发公共卫生事件巨灾保险市场还并未完全建立，表现为供给不足。突发公共卫生事件巨灾保险同其他巨灾保险一样，推广的前提条件是巨灾风险是否可保。由前述部分巨灾风险的可保性理论分析可知，巨灾风险管理理论与方法的完善和改进为巨灾保险提供了扎实的理论支持和指导。学者在最初研究时受限于社会的发展状况和研究环境，多数人认为巨灾风险有别于一般的风险事件，巨灾风险事件发生的概率不符合传统的大数定律且造成的损失巨大、对社会经济的影响更深远更持久，单个保险公司乃至整个保险市场都不能承担巨灾风险事件发生后所带来的损失，因此多数学者认为巨灾风险在保险方面是不可保的。但随着巨灾风险管理理论的逐步演进和发展，部分学者改变了认为巨灾风险不可保的态度，进而研究探讨巨灾风险事件的可保性问题。20 世纪 80 年代，在相关学者的努力下研究成果逐渐丰富，并建立起了对偶理论（dual theory）、预期效用理论（anticipated utility theory）和秩依效用理论（rank – dependent utility theory）。根据巨灾保险的特点，形成了一套保险定价公理化体系。风险均衡理论讨论巨灾风险组合的优势，解决保险公司经营不善或破产的问题，弱化巨灾风险不可保的条件，使解决巨灾风险保险相关问题成为可能。罗伯特和理查德（1973）提出利用保险市场与资本市场相结合的方法，发展风险证券化来解决保险公司承保能力有限的问题。保险相关证券（ILS）将资本市场和保险市场连接起来，增强了保险市场转移、分散巨灾风险的效应，促进巨灾保险风险跨时间和跨地区多元化的实现。在巨灾保险实践方面，保险相关证券（ILS），包括巨灾债券、巨灾期权、巨灾期货等，尤其是作为主要巨灾风险融资方式蓬勃发展的巨灾债券，在 1997 ~ 2007

年共发行了 116 只巨灾债券，总交易额达到 223 亿美元（谢世清，2008），其在分散国家或地区巨灾风险方面发挥了重要的作用。基于保险经济理论和巨灾风险管理理论，巨灾风险的可保有了丰富的理论支撑，加上发达国家在巨灾保险和巨灾风险融资方式的创新实践也说明巨灾风险的可保，并且可以推广到保险市场。

### 2. 政府重视突发公共卫生事件巨灾保险的发展

近年来，自然灾害、人为事件、公共卫生事件等的发生频率加大，带来的损失巨大，严重影响社会经济健康稳定发展。面对巨灾风险，如果仅靠政府调拨财政支出进行抗灾救灾，不仅增加政府的财政压力，而且不利于巨灾保险制度的建设和市场的发展。因此，政府也在逐步完善巨灾风险应急管理体系建设，积极发展巨灾保险。全球范围内仍在饱受新冠肺炎疫情的侵害，我国在 2020 年首次提出建设突发公共卫生事件巨灾保险机制以应对诸如此类的风险。虽然我国还未真正建立起巨灾保险制度，但是国家重视巨灾保险的发展，已在部分省市展开试点工作以及推出相应的政策。在地震保险方面，中共十八届三中全会通过的《中共中央关于全面深化改革若干重大问题的决定》，明确提出"完善保险经济补偿机制，建立巨灾保险制度"。在之后出台的《国务院关于加快发展现代保险服务业的若干意见》中也提出"建立巨灾保险制度"。2015 年 8 月，在云南省大理白族自治州设立了全国首个农房地震保险试点。在 3 年的试点期限内，为大理州所辖 12 县（市）82.43 万户农村房屋及 356.92 万居民提供了风险保障。[①] 2016 年 5 月，中国保监会、财政部印发了《建立城乡居民住宅地震巨灾保险制度实施方案》，探索建立专项巨灾保险制度。2016 年 7 月，习近平总书记在唐山抗震救灾和新唐山建设 40 年之际强调，要引导社会力量有序参与，建立巨灾保险和再保险制度[②]。突发公

---

① 中国银行保险报网．云南启动全国首个农房地震保险试点［EB/OL］．http：//xw. sinoins. com/2015－08/21/content_166886. htm，2015－08－21.

② 资料来源：中国地震局官网。

共卫生事件巨灾保险在新冠肺炎疫情暴发之后再正式提出，契合健全巨灾风险应急管理体系建设的要求，有利于提升保险深度和密度。部分地区已经开始进行突发公共卫生事件巨灾保险试点。宁波财政积极贯彻落实财政部《关于加强新冠肺炎疫情防控财税政策落实和财政资金监管工作的通知》，推出了全国首个突发公共卫生事件保险。① 公共卫生巨灾保险项目也正式在东莞东城街道辖区落地，为推进突发公共卫生事件商业保险机制创新提供了新的经验和启示。

## 4.2 突发公共卫生事件巨灾保险运行的需求分析

### 4.2.1 突发公共卫生事件巨灾保险的需求能力度量

根据生产者行为理论，保险的需求是指消费者一定时期内在各种可能的保险费率水平下，愿意并且能够购买的产品数量。保险需求包括保险需要、保险欲望、支付能力以及投保资格四大要素，对于保险产品，如果只有购买的欲望而没有相应的经济实力，也不能算作需求。因此，突发公共卫生事件巨灾保险的需求可以分为潜在需求和实际需求两部分。需求者购买突发公共卫生事件巨灾保险的目标是期望实现效用最大化，因此 $EU$ 具有如下关系：

$$\text{Max}EU = \pi U(y - P, \omega - x + l) + (1 - \pi)U(y - P, \omega) \quad (4.1)$$

式（4.1）中，$y$ 表示家庭收入；$\omega$ 表示家庭初始财富；$x$ 表示可能遭受的损失；$I$ 表示保险金额，家庭参与足额保险或无保险；$\gamma$ 表示保费附加因子；$P$ 表示保险费，$P = (1 + \gamma)\pi l$ 且满足 $P < y$；$\pi$ 表示发生损失的概率，$\pi \in [0, 1]$。同时，家庭的财富分为 $s$ 和 $c$ 两部分，$s$ 表示存量财产，主要包括房屋、汽车等财产，$c$ 代表流量财产，包括食品、服饰

---

① 金投网. 宁波市推动全国首个突发公共卫生事件保险落地［EB/OL］. https：//insurance. cngold. org/hot/2021 –01 –06/c7424539. html，2021 –01 –06.

等。根据斯洛维克（Slovic，2010）的研究表明，两类财富决定了家庭效用水平 $U(c, s)$，该函数满足稻田条件，$U_c(c, s)$ 代表效用函数对 $c$ 求偏导，同理，$U_s(c, s)$ 表示该函数对 $s$ 求偏导，$MRS(c, s) = U_s(c, s)/U_c(c, s)$ 代表两种财产的边际替代率，同时存在 $\frac{\mathrm{d}}{\mathrm{d}_c}MRS(c, s) > 0$，$\frac{\mathrm{d}}{\mathrm{d}_s}MRS(c, s) < 0$。

对家庭效用函数对 I 求一阶偏导和二阶偏导，可以得到：

$$\frac{\mathrm{d}EU}{\mathrm{d}I} = -\pi^2(1+\gamma)U_c(y-P,\omega-x+l) + \pi U_s(y-P,\omega-x+l)$$
$$- (1-\pi)\pi(1+\gamma)U_c(y-P,\omega) \tag{4.2}$$

$$\frac{\mathrm{d}^2EU}{\mathrm{d}I^2} = \pi\frac{\mathrm{d}^2U(y-P,\omega-x+l)}{\mathrm{d}I^2} + (1-\pi)\pi^2(1+\gamma)^2 U_\alpha(y-P,\omega)$$
$$\tag{4.3}$$

根据 $\pi\frac{\mathrm{d}^2U(y-P,\omega-x+l)}{\mathrm{d}I^2} < 0, U_\alpha(y-P,\omega) < 0$，可确定期望效用函数 $EU$ 具有凹性。当家庭参与足额保险时，满足 $I = x$ 条件，因此经过一系列的演化，最终可以得到：

$$\left.\frac{\mathrm{d}EU}{\mathrm{d}I}\right|_{I=x} = \pi U_c(y-P,\omega)[MRS(y-P,\omega)-(1+\gamma)] \tag{4.4}$$

而经典期望效用理论中 $U_s(y-P,\omega) = U_c(y-P,\omega)$，式（4.4）可以化简为 $\left.\frac{\mathrm{d}EU}{\mathrm{d}I}\right|_{I=x} = -\pi\gamma U_c(y-P,\omega)$，家庭最优投保决策为足额投保。而此时家庭投保需求取决于 $MRS(y-P,\omega)$ 与 $1+\gamma$ 的大小。进一步，我们发现，当 $MRS(y^*-P,\omega) = 1+\gamma$ 时，$y < y^*$ 时，$\left.\frac{\mathrm{d}EU}{\mathrm{d}I}\right|_{I=x} < 0$，反之同理，$y \geq y^*$ 时，$\left.\frac{\mathrm{d}EU}{\mathrm{d}I}\right|_{I=x} \geq 0$。由于家庭效用函数具有凹性，因此，综合上述分析，我们可以得到如下结论：

（1）当家庭的总收入小于某特定值时，该家庭不会购买突发公共卫

生事件巨灾保险或购买不足额突发公共卫生事件巨灾保险;

（2）当家庭的总收入大于某特定值时，该家庭会购买足额突发公共卫生事件巨灾保险;

（3）其他条件不变下，家庭投保决策取决于存量财产与流量财产，家庭财富是影响保险需求量的重要因素。

### 4.2.2 突发公共卫生事件巨灾保险需求不足的具体性分析

1. 突发公共卫生事件巨灾保险具有消费正外部性

突发公共卫生事件巨灾保险消费的正外部性，是指消费者购买突发公共卫生事件巨灾保险的私人边际利益小于社会边际利益，而突发公共卫生事件巨灾保险多具有保费成本高的特点，又直接导致消费者的私人边际成本高于社会边际成本，消费者的个人收益与成本之间出现了不对等，导致了消费正外部性的产生。依据公共产品理论可知，之所以突发公共卫生事件巨灾保险消费具有正外部性，是因为突发公共卫生事件巨灾保险为准公共产品，具有利益外溢性。利益外溢性导致消费者参与突发公共卫生事件巨灾保险的行为不仅能补偿个人的经济损失，还能发挥保障社会稳定功能，即产生溢出效应，主要表现为能极大减少社会救灾减损的经济成本和人力成本，而且有助于缓解政府公共财政赤字问题。

因此，由于突发公共卫生事件巨灾保险的利益外溢性引发了消费正外部性，很可能导致消费者投保需求动机不强烈。根据上述经济学理论分析，边际私人收益曲线（$MPR$）、边际私人成本曲线（$MPC$）、边际社会收益曲线（$MSR$）以及边际社会成本曲线（$MSC$）分别如图 4 - 2 所示，根据经济学确定均衡点方法，消费者最优消费量为 $Q1$，小于社会最优需求量 $Q2$，出现个人需求量不足的现象。

2. 政府救助政策存在明显的挤出效应

突发公共卫生事件巨灾保险作为准公共产品，其风险管理服务应属于公共管理范畴。这意味着突发公共卫生事件风险治理体系的建立依赖

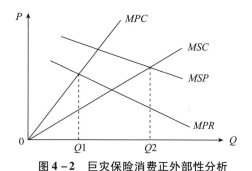

**图 4 - 2　巨灾保险消费正外部性分析**

于政府。灾害风险发生时，政府往往都会借助财政政策手段干预市场，主要表现为扩大财政性支出，各级政府凭借财政缩减、预算挪用、上级财政和中央财政转移支付、举债等措施获取财政资金，用于灾难救助和灾后重建。政府救助具有及时性、广泛性和无偿性，这与保险公司以盈利为宗旨的出发点相悖，且在巨灾保险市场不成熟的情况下，经营巨灾保险的成本较高，没有政策上的支持，会直接导致保险公司在突发公共卫生事件巨灾保险市场对保险产品供给量的缩减。巨灾风险事件发生后，基于政府责任，政府会采取较大力度的社会救助，而这一行为对突发公共卫生事件巨灾保险具有强烈的"挤出效应"，保险发挥保障作用不明显，"兜底"的政府行为代替保险作用，不利于保险的社会保障作用的发挥，且当政府救济的信号越发清晰明确时，市场中的消费者参保心理更加消极，对保险的负面效应愈加明显。若个人预料到政府干预行为并主动放弃采取降低风险损失的措施，形成与政府政策预期效果恰恰相反的局面，减弱了消费者对保险的需求，市场上就会产生慈善风险，发生"慈善危机"。

**3. 高额保费与家庭收入水平不对称**

突发公共卫生事件巨灾保险费率偏高，这主要与突发公共卫生事件的特点有关。一是突发公共卫生事件 LP - HC 的特点决定了保险公司承保成本高，理赔数额大，助推保险费用的增加。二是突发公共卫生事件风险相关性高，各风险单位间非独立，这不满足保险公司遵循的"大数定律"，保险公司难以依靠精算原理准确定价。但保险公司出于持续经营和盈利能力的考虑，便会提高突发公共卫生事件保险的费率。另外，巨灾保险属于富有收入弹性产品，其需求量与收入水平呈现显著正相关关系，而突发公共卫生事件传播速度快，影响面积广，造成社会各阶层群体同时无差别受损，多数低收入和普通收入群体既遭遇了财产和人身安全损失，又无法负担分散巨灾风险的成本，市场上缺乏有购买能力和具有潜在购买能力的单位。因而，保费与收入水平不匹配已成为突发公共卫生事件巨灾保险需求不足的最大原因。

### 4. 消费者的风险理念

投保行为虽然不同于投资有长线和短线之分，但消费者的风险理念也深受时间因素的影响，巨灾风险损失经历影响消费者对未来灾害的预期以及面对潜在风险所采取的策略。当长期未发生突发性公共卫生事件时，投资者往往表现为完全的风险偏好型，对巨灾风险怀有"侥幸心理"，特别是市场上还没有形成成熟的突发公共卫生事件保险，尚处于部分地区保险试点阶段，针对各种传染性疫情、疾病和突发性中毒事件等方面的保障存在于人寿险与财产险产品中，且覆盖面积和保障能力都不全面。针对类似于新冠肺炎疫情的突发公共卫生事件巨灾保险的现状以及政府在巨灾风险发生后采取的救助行为，在投保和怀着"侥幸心理"选择不投保巨灾保险之间，大部分消费者都趋向于后者，这对消费者来说是自身经济效益最大化的表现。当短期内发生突发公共卫生事件时，未选择投保巨灾保险的消费者在身体或财产损失经历后，直接加深消费者的心理恐惧，对突发公共卫生事件巨灾保险需求会暂时增加。但据阿特雷亚等（Atreya et al.）的研究表明，这种效应会在三年后逐渐消失。消费者的风险理念可以是基于自身教育、生活经历等方面形成，也可以是外部力量加以引导形成，而这个过程中，政府的行为和举措发挥着巨大作用。在巨灾保险制度建立的初级阶段，保险市场还不成熟，消费者面对客观存在的巨灾风险，只能依靠自身的判断做出选择，若政府仅加大对受灾地区的救助力度，而不对消费者进行以投保保险应对风险获得保险保障的风险理念的积极引导和培养，那么同样不利于巨灾保险制度以及市场的完善和发展。

### 4.2.3　突发公共卫生事件巨灾保险需求增长的潜在因素

#### 1. 突发公共卫生事件威胁性增加

2003 年非典的传播和当前新冠肺炎疫情的影响范围、程度相比都较小，影响时间也相对较短，但是非典的传播也激起政府应对突发公共卫生事件的警觉，同时也让消费者感受到疫情发展的不确定性。目前，我国在突发公共卫生事件进行风险管理的工具非常单一，无论是企业还是个人，主要采取风险自留的方式应对突发公共卫生事件巨灾风险。新冠肺炎疫情这样的突发公共卫生事件仍不断在全球蔓延，导致突发公共卫生事件巨灾风险的威胁增加，使作为巨灾风险管理重要手段之一的突发公共卫生事件巨灾保险的潜在需求增大。影响范围广、持续时间长的突发公共卫生事件巨灾风险的发生，造成社会经济巨大的灾害损失，在很大程度上激起社会对突发公共卫生事件巨灾保险的迫切需求。全国政协委员、原保监会副主席周延礼表示：要加强政策研究，积极开展突发公共卫生事件巨灾保险试点。① 保险市场发展面临新的挑战和机遇：一方面是传统的寿险财险保险市场日趋饱和，市场发展空间越来越狭小；另一方面巨灾保险市场上有着广阔的前景，以及远超保险业供给能力的巨大潜在需求和现实需求。持续的突发公共卫生事件巨灾给我国社会和生产生活带来巨大损失，先前抗击非典的经历提供了防范新冠肺炎疫情的经验，但是突发公共卫生事件巨灾保险的建设上却仍处于初级试点阶段。

---

① 证券时报. 全国政协委员、原保监会副主席周延礼：加强政策研究 开展突发公共卫生事件巨灾保险试点［EB/OL］. https：//baijiahao. baidu. com/s？ id = 1667146030360115690&wfr = spider&for = pc，2020 - 05 - 20.

## 2. 国民收入的提高增加巨灾保险的潜在需求

全国政协委员、原保监会副主席周延礼指出，要加强政策研究，积极开展突发公共卫生事件巨灾保险试点，充分发挥保险在社会主义建设中的积极作用，使巨灾保险发展成果惠及全国广大的消费者。我国对巨灾保险的研究也有多年，虽没有形成具体的巨灾保险制度，但是政府高度重视发展巨灾保险。由于公共卫生安全关系重大，巨灾保险可能首先从突发公共卫生事件保险巨灾机制开始。随着市场经济体制改革不断深化，社会主义应急管理体系建设逐步推进，消费者对保险的认识逐渐加深和收入水平的不断提高，消费者对保险的有效需求将逐步得到释放。在经济理论中，巨灾保险商品可以视作一种高收入弹性的商品，对于大多数消费者来说，购买保险还是一笔不小的开支，消费者只有在收入能够生存、生活条件后才可能考虑购买巨灾保险。相关研究表明，人寿保险与国民收入呈正相关，随着收入的增加和保险意识的逐步增强，购买保险的积极性增加，当消费者收入达到一定水平，就会有实际的保险需求，保险的需求量会随收入提高递增。还有学者研究得出，财富损失比财富增加对人们生活的影响大，经济理论中的"损失厌恶"特性会促使人们增加对保险的需求。改革开放40多年来，我国人均纯收入连续增长，这在客观上增加了消费者购买巨灾保险的可能性。但不得不注意的是，每年人均收入增长的同时伴随着物价水平的上涨，保险市场的发展极大地深化了保险的深度和密度，但是巨灾保险在国内还未真正发展起来，客观上人均收入的增长有潜在的投保巨灾保险购买力，而能否将这种潜在的购买力转化成保险需求乃至有效需求，需要政府对巨灾保险发展进行引导，对消费者的巨灾风险保险意识进行培养。

# 第 5 章

# 突发公共卫生事件巨灾保险运行的
# 现状与问题分析

## 5.1 突发公共卫生事件巨灾保险运行的现状分析

### 5.1.1 突发公共卫生事件巨灾保险的构想阶段

同其他自然灾害一样，巨灾风险事件发生带来的严重损失影响国民经济的健康稳定发展，我国对突发公共卫生事件的关注由来已久，2002年11月爆发了威胁性极强的非典疫情，SARS病毒极速扩散到东南亚乃至全球，严重威胁了广大群众的人身财产安全，同时对我国酒店、餐饮、旅游、零售和运输等行业造成不同程度的冲击。各级政府在控制和抵御SARS疫情的同时，广泛存在着数据上报不准确、反映情况不及时、处理不到位等问题。为了有效预防、及时控制和消除SARS疫情的危害，国务院紧急制定了《突发公共卫生事件应急条例》，并详细地从预防与应急准备、报告与信息发布、应急处理、法律责任四个方面制定了各级应对突发公共卫生事件的相关条例，以加强我国应急管理体制建设，防控突发公共卫生巨灾风险事件。在2011年8月通过的《国务院关于废止和修订部分行政法规的决定》对《突发公共卫生事件应急案例》进行了更新与修订，目的是保持规章制度的与时俱进与活力，以更好地推进突发公共卫生事件的综合处理。

多年来，我国在追求经济增长目标的同时，各级政府都不同程度地重视着公共卫生安全这一基础问题。2009年3月，中共中央、国务院全面推进医药卫生体制改革，其中针对公共卫生服务体系及相应的体制机制做出了系统性建设指导。国家公共卫生服务项目从基本公共卫生服务和重大公共卫生服务两个方面来把握，其中国家重大公共卫生服务包括全国性或跨区域的重大传染病防控等，由地方政府承担主要责任，中央政府对国家免疫规划、跨地区的重大传染疾病预防控制等公共卫生、城乡居民的基本医疗保障以及有关公立医疗卫生机构建设等给予补助政策。医疗改革不仅确定了公共卫生服务范围，还致力于提高公共卫生服务提供体系和融资机制建设，由上层制度安排到基础设施建设，实现自上而下的全覆盖、统筹规划，为应对突发公共卫生事件提供坚实的前提和基础。

自中共十八大以来，党中央对突发公共卫生事件应急管理能力的关注度越来越高，并出台一系列相关政策文件。中共十八届三中全会通过了《中央关于全面深化改革若干重大问题的决定》，文件中明确提出，"完善保险经济补偿机制，建立巨灾保险制度"，借助保险机制转移我国重大突发风险，切实推进我国灾害预防与治理的综合性管理体系建设。巨灾保险制度不仅是我国当前发展的难题，也是世界性难题，国外发达国家经过多年的探索才有所突破，而我国对巨灾保险的探索起步晚，还处在长时间的试验与研究阶段，还有较长的路要走。2014年国务院通过《关于加强发展现代保险服务业的若干意见》，提出"建立巨灾保险制度"。

2015年，我国首个地震保险专项试点在大理成功推进，此次试点得益于云南大理州政府与诚泰财险、人保财险等6家公司的大力合作。试点项目中明确规定，每位居民保险赔偿限额（地震灾害救助保险）为10万元，一年内保险公司累计死亡赔偿总额不高于8000万元，不仅满足规避损失的需求，还顺应保险公司迫切期望降低承保成本的呼声。为期3

年的试点期限内，共为大理州 12 县（市）的 82.43 万户农村房屋以及 356.92 万居民提供了保险服务。此次试点工作不仅推动我国巨灾保险向前发展了一步，而且是政府借助市场化手段管理灾害风险的一次积极探索，为之后巨灾保险的发展提供了价值较高的试点经验和启示。[①]

2019 年 12 月，新冠肺炎疫情在我国毫无征兆地暴发并迅速传播蔓延，针对防治突发公共卫生问题重新引起了政府和社会的高度重视。中共十九届五中全会通过的《中共中央关于制定国民经济和社会发展第十四个五年规划和二〇三五年远景目标的建议》中明确提出要"提高应对突发公共卫生事件能力"的重要目标。保险与突发公共卫生事件的联合机制不仅能转嫁与分散巨灾风险，还能平滑财政波动，缓解政府财政压力，充分发挥保险"社会稳定器"的作用。

### 5.1.2　突发公共卫生事件巨灾保险运行机制的试点阶段

1. 宁波突发公共卫生事件保险试点

2020 年 12 月，中国人保首次于宁波推出了突发公共卫生事件保险，成为我国保险业完善公共卫生应急管理体系的重要实践与探索。突发公共卫生事件依托宁波市财政局、银保监以及金融办等相关政府部门的指导与支持，政企融合的互利模式，整体提升我国突发公共卫生事件管理的能力。突发公共卫生事件保险以突发公共卫生事件的应急响应等级（一般、较大、重大和特别重大）为基础参数，以突发公共卫生事件发生的传染病病种等参考因素确定赔付的触发条件，一旦达到事先设定的触发条件，便立即启动赔付计划，实现"触发即赔"的保险运营模式。中国人保根据应急响应的等级向地方财政部门赔付相应的额度，扩大资金使用的倍数，强化政府的救民救灾作用。目前，突发公共卫生巨灾保险已实现大范围覆盖，共计 7860 万人、42698 家企事业单位参保，共为社

---

① 中国金融新闻网．我国首个地震保险专项试点在云南启动［EB/OL］．https：//www.financialnews.com.cn/bx/xw_99/201508/t20150822_82659.html，2015 - 08 - 22.

会提供风险保障 7953 亿元，充分彰显了企业的社会责任担当，与政府一起积极推进疫情防控和企业复工复产，推动经济社会稳定，人民生活安宁。①

中国人寿保险史无前例的举动，将是保险业参与治理突发公共卫生事件的一次成功的示范，有理由相信，此举将会带动其他保险公司或几家保险公司联合承保突发公共卫生事件，不断优化管理与服务，最大限度满足社会需求的差异化，为健全国家公共卫生应急管理体系发挥市场的力量。

**2. 东莞东城街道突发公共卫生事件巨灾保险试点**

人保财险与东莞市政府以及相关部门展开合作，进行突发公共卫生事件巨灾保险试点，将公共卫生巨灾保险作机制为一项重要项目，被列为《关于健全公共卫生应急管理体系、提高应对突发公共卫生事件能力的建议》1 号提案的重要组成部分。该项目是"政府主导协调 + 责任部门牵头解决 + 保险公司经济补偿"创新模式的有效实践，特点在于引入商业保险机制参与公共卫生事件管理，一方面，提高政府应对突发公共卫生事件的能力，平滑突发公共卫生事件所致的财政支出波动，减轻政府的财政压力，减少突发公共卫生事件给政府财政带来的不利冲击，提升财政资金使用效能；另一方面，引导商业保险参与巨灾保险的推广，提高保险社会保障、分散风险的作用。

这一突发公共卫生事件巨灾保险试点由人保财险东莞市分公司承保，保费标准为东城辖区内常住人口 1 元/人，该项目主要提供三大保障：一是以东城行政区域范围内所有人口为主要参保对象，如果未来感染了合同约定类型的传染病，投保人可获得一次性伤亡救助金。二是在合同内说明的突发公共卫生事件发生后，政府相关部门会履行相应的职责，开展一系列的巨灾风险应急救援活动与事后救助处理工作。三是计提防疫

① 中国金融新闻网. 中国人保在宁波推出全国首单突发公共卫生事件保险［EB/OL］. https：//www. financialnews. com. cn/bx/jg/202101/t20210113_209629. html，2021 – 01 – 13.

资金，该支出用于突发公共卫生事件防控所需医护用品和服务采购，以及事后疫情管控等。上述保障是试点项目的主要内容，项目是在此次新冠肺炎疫情发生的背景下展开的，有一定的实践意义，不仅可以有效推动突发公共卫生事件应急管理工作的开展，辅助政府进行巨灾风险管控，还转变了政府对巨灾风险事件调拨财政资金投入救灾中这一模式，能够分担政府救灾抗灾的压力，最大限度地给予政府、保险市场在面对巨灾风险事件时的资金支持，有利于应急管理工作高效快速展开，确保公众的人身健康安全，减少突发公共卫生事件的危害，维护正常的社会秩序。

东莞突发公共卫生事件巨灾保险尚处在试点阶段，如果该项目创新能够带来和积累有益的经验，可以向全市乃至全省推广"东城模式"。项目的开展可能还会存在巨灾保险制度中尚未发现的问题，但是这一实践同宁波突发公共卫生事件保险一样，需要充分总结项目不同参与主体的作用，即各级政府在公共卫生安全领域的防治工作为哪些、为巨灾保险的推广需要做什么工作、出台怎样的政策，商业保险公司作为运营巨灾保险的主体该如何设计产品，更好地推广巨灾保险等，以及发掘实施项目中的重点、关键点和难点，以更好地发挥保险的社会保障、分散风险的功能，支持政府公共卫生应急管理体系建设、巨灾保险制度发展完善，提高政府巨灾风险治理能力，更好地保障民生[1]。

## 5.2　突发公共卫生事件巨灾保险运行的问题分析

### 5.2.1　政府对自身角色定位不准

基于巨灾风险的特点以及各国运行巨灾保险的经验，政府在巨灾风险管理中具有重要的战略意义。一般来说，大多数国家和地区普遍支持政府引导、保险公司参与的 PPP（public–private partnership）模式，政

---

[1]　信息来自 https://www.163.com/dy/article/FTEO98U90518T6S5.

府与社会资本合作的巨灾保险是管理巨灾风险的最优模式。但是，目前我国还不存在真正意义上的巨灾保险制度，且政府参与巨灾保险市场存在定位不准确的明显缺陷。一是发生巨灾风险时，我国政府会实行积极的财政政策来缓解灾害的冲击。政府大规模的财政支出会给公众带来"错觉"，认为巨灾损失会由政府兜底，市场上的消费者多倾向于风险爱好型，致使市场上巨灾保险的需求量更加收缩，产生"挤出效应"。当公众越确信政府在事后会采取干预措施时，越会减少用于防灾止损的成本，在心理上依靠国家的救助，消极应对客观存在的巨灾风险事件，减少相应巨灾保险的需求，从而引发"慈善危机"，不利于政府和市场开展巨灾保险推广工作。

二是政府的灾害管理措施多发生于事后。政府面对突发公共卫生事件引发的受灾群体、基础设施毁坏或紧缺、医疗费用增加等，会采取自上而下、积极而迅速的救助措施，主要目的是补偿巨灾损失和防止损失扩大，事后措施能有效地补偿社会经济损失，但事后救助存在滞后性，甚至会导致物价上涨，直接引发通货膨胀。政府应主动引导相关政府部门、保险和群众建立事前预防机制，建立健全巨灾保险制度，完善我国应急管理体制，积极引导市场参与主体中的保险公司、消费者参与到巨灾保险制度的建设中来，发挥政府的引导作用、政策支持作用，重点是引导保险市场发挥社会保险保障、分散风险的作用，加强调动保险公司经营巨灾保险的积极性，以推动巨灾保险健康发展。政府要充分利用保险在转移风险上的先天优势和独特作用，建立突发公共卫生事件巨灾保险机制是应对突发公共卫生事件的必要途径，也符合有效加强灾害应急管理体系建设的要求。在突发公共卫生事件巨灾保险处在试点阶段的当下，各政府部门要积极宣传防灾知识和自救手段，提高群众的防灾减灾意识和避险处置能力。事前模式不仅能切实减少政府的公共财政支出，利于将既定的资金汇集起来为未来巨灾风险发生时提供资金支持，还能利用市场化手段更全面地处理、转移、分散巨灾风险，达到保险保障的作用，利于深化保险的深度和密度。因此，在巨灾保险推广中，政府要对自身角色定位准确，发挥好引导职能，政府与保险业的合作模式始终要坚持事前预防为主、事中责任分担、事后赔付责任明确的原则，在政府宏观应急管理与保险公司经营管理中实现从注重事后补偿向注重事前事中预防、合作救助转变。

## 5.2.2　保险产品少且设计不合理

我国突发公共卫生事件巨灾保险发展较晚，具有一定保障时效的特点，多为事后应急措施。2003 年非典疫情中保险业虽然推出与非典相关的 20 多种产品，但在非典疫情结束后，此类保险产品便在市场上消失了。新冠肺炎疫情发生后，我国保险业推出了新冠肺炎专项保险，保障时效为 1 年，保费在几十元到几百元之间不等，保障责任包括确诊津贴和身故赔偿。但是研究发现，该保险设计并不合理。首先，新冠肺炎疫情专项保险属于新出现的风险，没有历史数据导致保险精算缺乏依据，随意定价不符合国家法律规定。保费的高低决定着保险人和消费者之间的权益，合理的保险定价才能够实现两者间的平衡。其次，新冠肺炎保险期限为 1 年缺乏说服力。突发公共卫生事件尤其具有不确定性，与事件起源、公共行为、国家防控手段以及国际环境都密切相关。疫情完全被控制到消灭是一场持久战，事实也证明新冠肺炎疫情在一年内并没有被完全控制。最后，因新冠肺炎疫情（包括确诊和疑似患者）所产生的医疗费用，在基本医保、大病保险以及医疗救助承担后，剩下部分全部由政府财政给予补贴。患者在就医费用得到基本保障的前提下，单一责任险的意义显得十分有限。市场化手段参与国家公共卫生应急管理是重要的风险分散方式，在不增加保费的基础上可以通过保险公司扩大已有保险的责任范围，如可将意外险或疾病险的责任范围扩大至包含新冠肺炎导致的死亡、伤残和残疾，可以有效丰富产品种类和保障范围，最大限度地发挥保险在公共安全和突发公共卫生事件中的作用，完善巨灾风险管理体系。

### 5.2.3　缺乏有效的保险激励机制

我国虽然高度重视突发公共卫生事件风险管理机制的建立与落实，并且成功开展了突发公共卫生事件巨灾保险的试点工作。但是，保险业承保巨灾风险的核心问题仍然是偿付能力不足。保险业的偿付能力直接衡量着赔付义务能力，赔付能力不足导致保险公司的风险管控方案更倾向于"自保"，保险风险保障能力有限甚至没有发挥保险实质性作用，多数风险单位应对风险仍然依靠自我管理、自我消化。解决保险公司偿付能力问题可以借助政府宏观调控手段建立有效的激励机制。

欧盟国家为了推进巨灾保险的发展，建立巨灾保险准备金，并对准备金及其收益实施免税的优惠政策。我国通过的《城乡居民住宅地震巨灾保险专项准备金管理办法》中提到，"成员公司暂按照住宅地震保险保费收入的15%计提住宅地震保险准备金"。同时也要求经营该保险的公司应当在依法计提法定公积金、一般（风险）准备金后，从年度净利润中计提核巨灾准备金，按照该保险业务承保利润的75%计提。目前巨灾准备金制度涉及的风险种类还比较狭窄，还没有正式出台关于突发公共卫生事件保险的准备金制度。同时对承保突发公共卫生事件保险的税收优惠政策也不全面，税收优惠政策在一定程度上能够提高保险公司的偿付能力。我国巨灾保险的运行机制虽然一直采取政府干预的模式，但突发公共卫生事件巨灾保险地方与中央财政分担比例尚不明晰。此外，在应对灾害的巨大经济损失时，尚未建立有效的激励措施，如保费补贴以及保险公司经营费用的补贴。

### 5.2.4　保险职能部门缺乏联动机制

突发公共卫生事件应急管理机制涉及保险、卫生行政、民政、国家减灾委、财政、医疗机构等相关部门，各个部门间没有统一或共享灾害统计数据。目前，虽然我国《保险统计年鉴》《民政统计年鉴》里涉及多年灾害历史数据，但是我国仍然缺乏完整的巨灾风险数据。一方面是由于突发公共卫生事件涉及地域面积广，受灾个体多且复杂，若牵涉到基础设施不完善的乡村地区，则数据调查难度更大。另一方面，突发公共卫生事件的起因和应对措施都具有复杂性，难以确定衡量标准，收集突发公共卫生事件的数据也需要相当漫长的时间，而完整的数据资料则要耗费更长的时间。另外，保险公司尚未形成成熟的信息披露机制，相关灾害和理赔数据未及时公开。因此，建立数据共享平台能方便数据的收集与更新。我国巨灾保险制度存在的问题之一就是保险费率厘定缺少数据支持，人员伤亡、房屋损毁、政府财政支出、各保险赔付额等灾害基础数据仍处于积累阶段，巨灾保险费率厘定机制需要不断地进行动态调整。因此需要建立多部门合作的数据库，由政府部门牵头，引导各相关部门和保险市场展开合作，既要各司其职，又要紧密联系。

## 5.2.5　巨灾风险分散机制还未完善

在新冠肺炎疫情暴发后，我国部分地区开展了突发公共卫生事件巨灾保险的试点，保险公司承保突发公共卫生事件巨灾保险后，风险转移途径和风险分散机制还未完善。国外巨灾保险业运营的实践表明，巨灾风险基金、巨灾再保险、巨灾风险证券化都是分散巨灾风险的有效手段。目前，我国虽然进行了部分地区的巨灾保险试点实验，但尚未建立起全国性的巨灾风险基金，仅仅是处于探索阶段，巨灾再保险产品也没有发展起来。随着发达国家对巨灾保险、巨灾风险证券化的研究和实践，我国对巨灾风险证券化也进行了多年的研究探讨，但是仅处于理论研讨阶段，保险市场中还不存在正式的保险风险证券化产品。目前，我国保险业应对巨灾风险，比如地震风险，风险自留的方法已经得到转变，而转向地震保险分散风险。在新冠肺炎疫情背景下，实际上，处于突发公共卫生事件巨灾保险试点阶段最有效的是保险公司在政府制度安排下，将巨灾风险进行有效的转移和分散。但是我国目前巨灾风险分散的渠道较少，再保险市场不发达，分保成本比较高，从而陷入分散巨灾风险的困局。在我国巨灾保险相关的法律法规还不完善、政府在巨灾保险方面的扶持政策还不多、风险分散技术不完善、巨灾风险转移分散机制尚未建立的现状下，只能够在现有的试点地区推广巨灾保险中进行政策、制度的完善和方法、渠道的改进。

## 第 6 章

# 国际巨灾保险运行机制的比较与启示

　　新冠肺炎疫情在全球内蔓延，影响范围广、持续时间长，截至2021年5月，全球累计感染人数达一亿七千八百多万人，累计死亡人数达三百八十五万多人，而且感染人数还在持续增长中，世界各个国家和地区的新冠肺炎疫情防控治理情况不容乐观。[①] 纵观全球，中国在抗疫斗争中取得了巨大成功。面对数次巨大灾害，政府在抗灾救灾中起着重要的领导作用，比如汶川地震、2008年南方雪灾、青海玉树地震等，动员全国力量抗灾救险，但划拨财政支出展开救助工作带来了极大的财政压力，本应该发挥社会保障作用的保险在风险分散方面显得有些力不从心。应该把先前灾后救助重点转移到灾前防控工作上，适时发展巨灾保险。在抗击疫情的实践中，因制度差异和应急管理体系建设基础不同，国外多数国家在落实抗疫政策和执行制度安排上表现不足。但是我们要注意到，美英日法等国家巨灾保险发展时间较早，法律法规健全，制度完善，客观上能够对我国巨灾保险制度建设提供有价值的启示。因此，本书着重梳理国外巨灾保险制度运行的模式、法律法规建设，以此总结经验，为发展适合我国国情的巨灾保险提供有意义的借鉴。

---

　　① 腾讯网. 全球新冠死亡总人数到底是多少？ ［EB/OL］. https：//new.qq.com/rain/a/20210512A07O3400，2021－05－12.

## 6.1 公共卫生事件巨灾保险机制的国际经验

2007 年 6 月 15 日《国际卫生条例 (2005)》生效, 自此 WHO 先后 6 次将重大疫情列为 PHEIC[1], 并就黄热病问题和中东呼吸综合征冠状病毒组建《国际卫生条例》突发事件委员会。但是因为这两类疾病不符合标准而未认定为 PHEIC。[2] 国际上第一起 PHEIC 是墨西哥政府报告的甲型 H1N1 流感病毒事件。[3] 因该病毒在美国和墨西哥受到 WHO 长达近 16 个月的 PHEIC 认定。美国保险业应对甲型 HINI 流感病毒疫情时充分发挥了其保险保障和资金补充功能, 为经济复苏发挥了重要作用。现在, 类似传染病的公共卫生事件对社会的破坏力极大, 保险在突发公共卫生事件应急管理中承担的角色越来越重要, 国际社会开始探索将突发公共卫生事件纳入巨灾机制的探索。

新冠肺炎疫情是国际关注的突发公共卫生事件, 此次的处理被视为世界各国社会应急风险管理的重点案例。瑞士再保险公司 (Swiss Re, 2020) 研究显示, 过去 50 年, 全世界自然灾害和人为灾难爆发的次数与频率明显增加。1970 年全球爆发 100 次巨灾事件, 2019 年仅一年就爆发了巨灾事件 317 次。[4] 数据显示, 巨灾出现不可避免的特征, 同时造成的损失非常巨大。从全球巨灾事件应急管理来看, 商业保险在巨灾事件处理过程中显示出越来越重要的作用。在人类社会出现 6 次 PHEIC 冲击的背景下, 突发公共卫生事件巨灾机制受到政府和商业保险机构的广泛关

---

[1] PHEIC 指国际公共卫生紧急事件 (Public Health Emergency of International Concern, PHEIC) 是指通过疾病的国际传播构成对其他国家公共卫生风险, 并有可能需要采取协调一致的国际应对措施的不同寻常的事件。

[2] 人民网. 世界卫生组织将新型冠状病毒疫情列为 PHEIC [EB/OL]. https://baijiahao. baidu. com/s? id = 1657204905837767537&wfr = spider&for = pc, 2020 – 01 – 31.

[3] 中国经济形势报告网. 世卫组织哪些情况下曾宣布 PHEIC? [EB/OL]. http://www. china – cer. com. cn/guwen/202001311993. html, 2020 – 01 – 31.

[4] 瑞士再保险官网, https://www. swissre. com/.

注。依据瑞士再保险公司的观点，如果一种传染病属于两百年一遇的重大传染病，则万人死亡率将提高 10，15 基点。[1] 初创机构 Metabiota 创始人沃尔夫（Wolfe）指出，流行病不是一次意外事件，它与自然灾害事件有一定的相似性。在韩国传染病中东呼吸综合征（MERS）暴发时期，慕尼黑再保险公司（Munich Re）就基于 Metabiota 数据和实时监测能力制定了流行病保险的创新解决方案。现在，美国正在计划筹建由政府主导的再保池，支持保险公司去承保因流行病所导致的营业中断、利润损失、中小型企业员工工资损失以及企业雇主责任带来的赔偿等风险。美国宾夕法尼亚州最高法院也提出将新冠肺炎列入同飓风、地震的巨灾事件。欧洲某些政府正在计划参考巨灾保险模式，在商业健康险保费中提取一定比例的资金组建风险保障基金，在部分健康险保费中提取一定比例的资金组建风险保障基金，将部分健康保险保费储备起来，一旦突发公共卫生事件暴发，就运用其购买防护设备、医疗资源以及用于医护人员的培训。[2] 2020 年新冠肺炎疫情的暴发对全球保险业造成巨大冲击，促使保险业不断加强对传染病的研究和保险探索，未来建立突发公共卫生事件巨灾保险是一个值得探究的新方向。

### 6.1.1　世界银行流行性病毒疫情应急融资机制（PEF）

2017 年 7 月，世界银行的业务实施实体机构国际重建与开发银行（IBRD）和国际开发协会（IDA），联合世界卫生组织以及相关利益方，启动了为期 3 年的流行性病毒疫情应急融资机制（PEF），目的在于为全球贫穷国家即 77 个 IDA 国家在流行性病毒暴发时提供救济资金约 16 亿人民币。为此 PEF 设置了两个资金窗口，即：一是 4.25 亿美元的疫情指数保险赔付资金窗口；二是 5000 万美元的实有资金窗口。PEF 针对的疫

---

[1]　瑞士再保险官网，https：//www.swissre.com/.

[2]　国研网. 新冠肺炎疫情等重大传染病纳入巨灾保险、巨灾债券范畴的探索［EB/OL］. https：//h5.drcnet.com.cn/docview.aspx?docid＝6122950，2021－03－19.

情灾害主要包括：流感（Influenza）、非典（SARS）、中东呼吸综合征（MERS）、埃博拉（Ebola）、马尔堡病毒（Marburg）、克里米亚刚果热（Crimean Congo hemorrhagic fever）、裂谷热（Rift Valley fever）、拉沙热（Lassa fever）、冠状病毒（Coronavirus）。PEF 的疫情指数保险赔付资金窗口由世界银行财政部设计，包括：承担疫情指数保险的两组风险债券和两组掉头契约。德国政府和日本政府承担捐助这四组证券化疫情指数保险的保费，共计 1.072 亿美元。为此世界银行在 2017 年 7 月发行了三年期 3.2 亿美元的疫情指数保险风险债券，其中债券 A 组 2.25 亿美元用于流感疫情和冠状病毒疫情暴发，B 组 0.95 亿美元用于其他流行性病毒疫情暴发。26 个投资机构购买此债券，债券销售率达 200%。此外，世界银行与 6 家保险商安排了两组合计 1.05 亿美元的疫情指数保险掉期契约。

PEF 疫情应急融资机制设置了实有资金窗口，以德国政府捐助的 5000 万欧元为主，奥地利政府 2018 年捐助 700 万美元，世界银行其他资金项也会根据实际需求增加实有资金窗口的捐助。实有资金窗口的缺点是资金规模小，优点是根据疫情需求随时可以支付。保险窗口的优点是资金规模大，合计 4.25 亿美元的额度，但是存在三个问题：第一，保险赔付需要满足非常复杂的疫情指数保险赔付触发条件；第二，保险赔付金额因不同流行病毒的特点不同而采取相异赔付金额；第三，从疫情暴发到保险额度赔付需要相应条件满足的时间。保险窗口的证券化疫情指数保险设置了非常苛刻的保险赔付触发限制条件，如：作为资金主项的风险债券 A 组，只保障流感病毒疫情和冠状病毒疫情，赔付时其触发条件是：流感病毒的总确认病人数是 5000 人；冠状病毒死亡人数达 2000 人，且冠状病毒疫情赔付比率不超过 A 组债券总额的 16.67%。此外风险债券对线状病毒（Filovirus）设定了最高金额 1.5 亿美元额度，条件是在全球和地区暴发确诊人数达 2500 人，死亡人数达 250 人，B 组债券可支付 1.5 亿美元的 30%。达到 750 人则支付 60%。另一个触发条件是保险病毒疫情事件的增长指数计算，以冠状病毒疫情为例，包括：（1）事件发生在 12 周以上；（2）至少两个国家受到感染，每个国家死亡人数超过 20 人；（3）事件疫情暴发在至少一个 IBRD \ IDA 国家；（4）12 周 IBRD \ IDA 国家确诊人数达 250 人；（5）IRRA \ IDA 国家确诊人数达 250 人；（6）12 周期间日确诊病人数不低于零；（7）12 周期间比率至少 20%。这 7 条得以满足后才能获得触发赔付。PEF 融资组合在此次新冠肺炎疫情暴发期间其缺点暴露无遗。2020 年 1 月 30 日世界卫生组织宣布新冠病毒疫情为"国际关注的突发公共卫生事件"，3 月 12 日宣布"新冠病毒全球大流行"。截至 3 月 23 日，市场根据新冠肺炎疫情数据预期 PEF 保险窗口可得到 1.96 亿美元的保险赔付资金，其中 1.325 亿美元触发风险债券，0.46 亿美元触发来自风险连接掉期契约。但是直至 4 月 13 日，全球新冠病毒疫情已经大流行，可风险债券和风险掉期契约承保的疫情指数保险均未得到赔付。原因在于疫情指数保险条款中"exponential growth rate"即疫情几何级数增长率触发条件比较复杂且不透明，将一个总指数计算期间内 IDA \ IBRD 国家比较指数增长率为保险触发点。因为保险赔付触发点是基于跨国确诊病人数和死亡数增长率，此时中国确诊病人和死亡人数增长率已经大幅度下降，且这个下降率远远超过 IDA \ IBRD 国家的病人数和死亡人数增长率，所以疫情指数保险未能得到及时赔付。直到 2020 年 4 月 27 日，世界银行才宣布，根据第三方保险指数计算机构（AIR World Wide）报告，PEF 风险连接债券和风险连接掉期契约承担的疫情指数保险规定的赔付触发条件在 2020 年 3 月 31 日实现，PEF 保险资金窗口得到 1.96 亿美元的保险赔付，用于 64 个世界上最穷国家的疫情化解。[①]

PEF 风险债券在 2020 年 7 月到期，尽管世界银行希望启动 2.0 版疫情指数保险风险债券项目，但是存在三个问题需要关注：（1）新冠肺炎

---

① 海南省绿色金融研究院.公共财政响应巨灾风险预算融资模式借鉴分析［EB/OL］. https：//www.hngfr.cn/newsinfo/1138562.html，2021－02－01.

疫情期间的保险赔付触发条件太过复杂；（2）1.0 版的保险费用仅由德国和日本赞助；（3）疫情保险指数设计主体即再保险公司和投资机构费用和盈利过大，但保险赔付还不足保费的两倍。世界银行主导的流行性病毒疫情应急融资机制创新使用证券化疫情指数保险作为杠杆化的或有资金工具，为我国构建高效巨灾风险融资机制和模式提供了宝贵的经验和教训。低频高灾的指数保险可在传统保险和再保险市场中得到设计和识别，在资本市场通过证券化得到充足的承保能力。中国在构建高效巨灾保险融资机制时应充分考虑到世界银行设计的流行性病毒疫情指数保险在传统保险和再保险市场中缺乏足够承保能力的缺陷，可在以下几个方面完善其流行性病毒疫情指数保险：第一，设计指数保险的触发条件不应过于复杂且条件需透明；第二，风险掉期契约与风险债券相比，不利于被保险人；第三，建立健全疫情指数保险市场化招标机制。

### 6.1.2　墨西哥自然灾害基金——FONDEN 基金[①]

1996 年墨西哥政府成立自然灾害基金即 FONDEN 基金，旨在为本国各级政府提供灾难救助和灾后重建等所需的财政资金，内容包括：（1）联邦、省、市三级政府的公共基础设施；（2）低收入家庭房屋；（3）自然环境。该基金有两个账户，主账户是重建账户，资金来源为联邦支出预算，用于特定重建计划；另一个账户是减灾基金，用于风险评估、风险控制、减灾抗灾资源。2005 年墨西哥政府与世界银行合作，对 FONDEN 基金进行改革创新，将巨灾保险与巨灾债券纳入 FONDEN 基金体系，设计多层次风险自留和风险转移工具以及发展巨灾风险融资策略，并且引入灾害预防基金机制，目的在于加强灾害风险管理。2006 年 FONDEN 发行了世界第一个政府巨灾债券，通过证券投资人承保巨灾指数保险放大基金的使用额度。根据墨西哥联邦预算法第 37 条，财政部每

---

① 魏钢，焦洁. 中国巨灾保险及制度建设探索［J］. 金融博览，2017（4）：58 - 59.

年要向 FONDEN 基金注入不得低于联邦预算 0.4% 的资金；FONDEN 基金可以根据联邦预算法第 19 条获取资金。

墨西哥的 FONDEN 基金采用传统保险和证券化指数保险盘活存量资金，即实现资金放大，也平滑基金波动。2004 年起，墨西哥政府同意 FONDEN 通过灾害保险和债券化巨灾指数保险放大基金的资金规模。FONDEN 巨灾基金标志性融资工具是债券化的巨灾指数保险。2006 年 FONDEN 首次通过发行政府巨灾保险债券为基金提供巨灾指数保险，目的在于放大灾害风险融资规模。在世界银行的支持下，墨西哥政府在 2009 年、2012 年、2017 年、2018 年、2020 年分别发行了支持地震指数保险和飓风指数保险的债券，为 FONDEN 提供了放大的灾后重建资金保障。2012 年债券化的巨灾指数保险为 2015 年 Patricia 飓风提供了近 5000 万美元的保险赔付；2017 年债券化巨灾指数保险为当年大地震提供了 1.5 亿美元的保险赔付。

2020 年 3 月，墨西哥政府在世界银行的帮助下为 FONDEN 发行 4 组巨灾指数保险债券，获取总额为 4 年期 4.85 亿美元保额的地震指数和飓风指数保险。在此交易结构中，墨西哥政府向世界银行支付保费获取世界银行签发的巨灾指数保险，世界银行将此转移给债券投资人，债券投资人获取的债券收益包含巨灾指数保险保费和债券本金固定收益。在 4 年债券和保险期间，若发生地震或飓风需要保险赔付，墨西哥会向独立理赔计算机构发出通知，以确定保险赔付额度。通常地震指数保险需要 1 个月，而飓风指数保险约 5 个月，不需要评估实际损失。其后世界银行将确定金额支付给墨西哥政府。同时，债券投资人将作为保险人丧失这部分债券本金。这批巨灾指数保险债券投资机构共 38 家，包括巨灾指数保险债券基金、资产管理公司、养老金基金、对冲基金、再保险公司等。FONDEN 基金的灾后重建融资机制，通过分配给 FONDEN 信托的资金，组成实施灾后及时重建的基石制度，确保重建联邦和省级财产的资金得到及时有效的分配，并且对省级财产重建施行联邦政府和省级政府各承担 50%，明确资金分配的责任。FONDEN 基金主要救助的灾因是气象灾害即风灾和雨灾，基金救助主要是受灾领域的公路和水利等公共基础设施。FONDEN 基金通过长期的运作，已形成完善的指导政策、运作体系、融资工具。当前通过引入信息技术进行创新以及改革损失评估与紧急重建需求支持机制，不断提升操作流程的效果、效率和透明度，实现物流、信息流、资金流的统一，成为其他自然灾害风险较大国家和地区政府的借鉴范例。FONDEN 基金模式提供了一个极具说服力的案例，证明政府如何成功建立一个公共灾害风险管理系统，制度化执行防灾减灾任务和支持灾后修复重建的工作，而且在实践中不断引入创新内容进行完善。

### 6.1.3  美国国家洪水保险项目（NFIP）[①]

美国国家洪水保险项目（NFIP）创建于 1968 年，美国联邦应急管理局是该项目的管理机构，商业保险公司负责承保工作。到目前为止，该项目已为居民楼与商业地产提供了超过 310 万份水灾保险，总保额达到 2.1 万亿美元，近年由于数次重大损失造成尚欠美国国库 230 亿美元的债务。卡特里娜飓风与桑迪飓风就分别造成了 163 亿美元及 83 亿美元的损失。NFIP 在 2016 年首次与商业再保险公司合作，建立了持续融资框架。再保险公司每年为 NFIP 提供 10 亿美元的保险保障。

目前，美国已经建立完善的洪水保险运作模式，对于提高洪泛区管理水平、减轻洪灾损失、推进灾后救济及重建都起着不可替代的作用。美国国家洪水保险项目（NFIP）运作包括以下特征：第一，政府主导。美国洪水保险制度以政府为主导，政府作为直接保险人，承担保险风险与责任。联邦政府紧急事务管理局（FEMA）制定洪水管理法律法规、洪泛区防灾措施，FEMA 下属的联邦保险管理局（FIA）负责整个制度的核心——国家洪水保险计划的运行与管理，即洪水保险的费率、承保范围、

---

①  魏钢，焦洁. 中国巨灾保险及制度建设探索 [J]. 金融博览，2017（4）：58 – 59.

投保审核和理赔等事项。联邦政府授权联邦政府紧急事务管理局（FE-MA）代表政府与地方社区签订洪水保险协议，要求地方政府依据法律严格审核社区居民房屋财产，对高风险房产进行拆迁、改建，以降低灾后损失。第二，商业保险公司参与合作。政府利用商业保险公司在营销体系和服务体系等方面的优势，委托商业保险公司进行销售经营。1983 年，联邦保险管理局推出 "Write Your Own Program" 计划，即政府与商业保险公司签订合作协议，约定政府出佣金，商业保险公司以自己名义销售保单、评估风险和清算理赔，赔付金额由联邦政府支付。政府与商业保险公司的这种合作模式推动了国家洪水保险计划。第三，社区为参保主体。美国洪水保险计划采取社区统一购买模式。作为被保险人的个人，不直接从商业保险公司购买洪水保险，而是以社区为单位统一购买，社区的个人必须承担保费，否则将无法享受政府提供的灾后救济。通过社区，弥补商业保险公司洪水保险产品的缺失，最大限度利用政府提供的洪水保险服务，获取公共福利。

美国洪水保险制度给我国的启示如下：第一，着重风险管理。建立洪水保险制度的根本目的是最大限度控制洪灾引发的损失，不是弥补财产损失，为此建立科学的风险管理机制是极为必要的。美国国家洪水保险计划通过社区评分系统、洪泛区管理标准等减灾管理措施降低洪灾风险，提升国家洪水保险计划的保障能力。在美国国家洪水保险计划的运行过程中，通过围绕洪水保险法律法规，完善的风险管理体系，充分有效地实现灾前和灾后两个阶段的减灾管理。第二，立法先行。美国国家洪水保险计划是随着洪水保险法律法规的不断完善而逐步建立的。《国家洪水保险法》于 1986 年出台之后，经过数十次修订，最终形成一套操作性极强的洪水保险法律制度。洪水保险立法是确保洪水保险计划实施的制度基础。当前我国尚未建立专门的洪水保险法律，仅仅在《防洪法》中对洪水保险做出了原则性的规定，即 "国家鼓励、扶持开展洪水保险"。因此我国若要建立巨灾保险体系，应当立法先行，通过法律法规对

巨灾保险的性质、法律地位、保险费率厘定、保险双方责任义务等内容
做出明确规定，以此确保巨灾保险制度能够顺利推行，而不是因法律的
不完善受到约束。第三，风险评估技术为支撑。美国国家洪水保险是一
种政府主导的巨灾保险，实质上属于强制性保险，在保险费率厘定方面
存在一定的不足。与商业保险公司不同，由于缺乏专业人员，政府无法
对风险进行精准评定。洪水类的自然灾害本身易受地形、水文、气候等
多种因素的影响，不同地区引发洪水的因素各不相同。为此美国联邦紧
急事务管理局通过对全国范围的社区进行普遍洪水风险评估，编制洪水
风险地图，结合社区房产的地理位置、材质、构造等要素细化洪水保险
风险，以此确定精准保险费率。风险评估技术在一定程度上规范了洪水
保险厘定标准，提高国民对洪水保险的可接受性和信任程度，同时降低
自身经营风险。

## 6.2 国际巨灾保险运行模式

国际巨灾保险运行的主要模式包括政府主导、商业化运作、政府与
其他机构联合三种模式。现就这三种模式进行详细解释。

### 6.2.1 政府主导模式

巨灾保险政府主导模式即政府负责巨灾保险的管理，运用这一模式
的代表是美国和新西兰。[①]

美国洪水保险计划在1969年制定并实施，政府统筹管理巨灾保险业
务，同时组织专门机构制定设计洪水保险的承保范围、费率厘定、产品
推销等。保险公司可以代理销售政府的洪水保险并获取相应的收入。政
府设立国家洪水保险基金并进行全额担保和管理，从多个渠道获取资金，

---

① 付强，孙仁宏.巨灾保险制度建设：国际经验与借鉴[J].理论与现代化，2011（1）：5-8.

包括基本的保费收入、部分政府拨款、投资收益等，来保证资金充足。国家对不同地区的洪水风险进行划分，被认定为洪水风险区域的社区自愿投保，地方政府承诺采取有效的防洪减灾措施，并在洪水发生后给予受灾社区救助。

美国部分州深受地震灾害的影响，1994 年发生在加利福尼亚州的地震造成巨额的经济损失和大量的人员伤亡，当时的保险不能承担巨额的损失赔付。加利福尼亚州在 1996 年成立加州地震局，旨在加强地震风险管控，是一个政府特许运营和管理地震保险的公司化组织，有政策上的免税减税支持，与风险建模公司展开合作，实行市场化运作，进行差异化定价。此外，保险公司本着自愿原则加入地震保险计划，并承诺在约定风险事件发生后对一定比例的损失进行赔付。地震保险计划规定保险公司出售房屋保险时强制配售地震保险。该地震保险项目承保住宅，其他附属建筑不在合同承保范围内。若发生地震且地震达到一定的级别，地震保险会给予投保人灾后住宅修复资金支持。加州地震局的公私合作运行模式具有很高的效率，在基于风险精算的基础上收取一定的保费，在保险合同责任范围内采取巨灾风险管控措施，加上半强制性的投保条件，扩大了投保范围，并获得更多保费，巨灾保险的长期成本可以得到补偿并有效降低成本和经营费用。但加州地震局的保险渗透率还不是很高，高昂的保费是一个重要原因。我国地震保险或其他类型的巨灾保险可以从加州地震局地震保险的运作中进行思考：一是消费者普遍低估甚至忽视地震可能引发的巨大损失，政府对地震保险的宣传和推广是否到位，保险市场的产品价格是否合理；二是政府对灾后进行救助，引发"慈善危机"。在客观存在的巨灾风险事件未发生前，个人或企业根据政府之前的灾后救助行为做出决策，认为政府会进行赔偿救济，那么他们将大概率不会选择购买地震保险，从而减少巨灾保险的需求。严格的、强制性的巨灾保险购买要求可能有助于解决保险密度低的问题，但如果政府宣传不到位，保险公司的产品推广会受阻。

新西兰 1945 年确立地震保险制度。政府组织地震保险委员会保障制度运行，并开展地震保险产品销售工作、灾后履行保险赔付责任以及购买国际再保险分散国内风险等。新西兰地震保险具有一定的强制性，附加于火灾保险进行销售。政府委托保险公司销售地震保险，扣除一定费用后，获取的资金转入自然灾害基金。此基金同样由政府管理，资金来源是保费收入和投资收益。当灾害发生带来的损失巨大，再保险和自然灾害基金不能完全赔付时，政府会承担剩余全部责任。

### 6.2.2　市场运作模式[①]

巨灾保险市场运作模式即市场负责巨灾保险的管理，运用这一模式的代表是英国、挪威和墨西哥。

英国洪水保险实现完全的市场化运作，各个保险公司自愿将洪水自然灾害纳入承保范围内，同时投保人也自愿选择是否投保。为了增强承保风险的能力，保险公司购买再保险进一步分散风险。英国洪水保险有一定的强制性，规定投保人在购买财险时必须附加洪水保险。政府不参与洪水保险管理且不承担洪水风险责任，但是会保障公共设施建设和服务，即建立有效的防洪体系，做好灾害预警工作等。英国洪水保险完全市场化的运作就表明了市场中的商业保险公司是保险责任承担主体。英国有着完善的巨灾保险机制和成熟的保险市场，能够将巨灾风险进一步分散转移到再保险市场。

挪威自然灾害保险制度分为自然灾害共保组织和自然灾害补偿基金，实施市场化运作。自然灾害共保组织由所有承保非寿险的保险公司组成，规定保险公司必须将自然灾害保险强制附加于火险进行销售。自然灾害保险保费由保险公司制定、收取，在风险发生后各个保险公司依据自身

---

① 付强，孙仁宏. 巨灾保险制度建设：国际经验与借鉴 [J]. 理论与现代化，2011（1）：5 - 8；张田，包琼. 巨灾保险制度研究——国际经验借鉴与我国的实践 [J]. 海南金融，2014（11）：33 - 37，56.

的市场份额负责赔偿比例，分摊风险。共保组织在国际市场上购买再保险，进一步分散风险。自然灾害共保组织是在政府监管下运行的，市场中的商业保险公司运用其销售、管理和控制风险等方面的专业知识和技能，整合各方资源对巨灾保险项目提供支持。这一组织以公平分摊损失和分散风险为原则，并采取多种方法确保巨灾保险的有效性（没有采取措施或采取不当措施的投保人，根据合同规定有权减少或拒绝进行损失赔付）。巨灾保险的价格是一个重要问题。董事会经过商讨，决定保险费率。在巨灾保险赔付问题上，以成员公司在自然灾害保险市场中的份额比例进行分摊，确保了保险公司之间的公平性。巨灾风险事件发生带来的损失有大小，如果在共保组织内的普通商业保险能够覆盖巨灾风险损失，就不会触发共保组织的赔付条件，同时尽力宣传，鼓励消费者购买普通保险。若巨灾风险损失巨大，即多个个体损失超过巨灾保险合同上规定的限额，则触发共保组织的赔付条件，那么将会按比例进行赔付。但是挪威共保组织运行巨灾保险中还存在以下问题：一是在保险费率方面还不统一，有低风险的投保人对高风险投保人提供补贴的问题。二是新成立的保险公司面临的竞争压力更大，挪威共保组织的成员保险公司经营时间长，有一定的市场份额，运营模式较为成熟，优势更明显。

墨西哥地震保险制度由保险公司运作，保险产品有一定的强制性，附加于火险进行销售。全国各地区地震风险程度不同，分成有费率差异的七个区域，每个区域又将不同地震承受能力的建筑物分为六个等级。墨西哥地震保险市场通过再保险方式进一步分散地震风险。

### 6.2.3　公私合作模式[①]

日本是受地震、海啸等灾害最严重的国家之一，1966 年建立了政府

---

　　① 付强，孙仁宏. 巨灾保险制度建设：国际经验与借鉴 [J]. 理论与现代化，2011（1）：5 - 8；张田，包琼. 巨灾保险制度研究——国际经验借鉴与我国的实践 [J]. 海南金融，2014（11）：33 - 37，56.

与保险公司合作的地震保险制度，成立了地震再保险公司，负责保险制度整体的运行和巨灾风险分散。地震保险附加于火险进行出售，但是不具有强制性，投保人主动确认投保地震保险时才有效。地震再保险公司考虑到家庭和企业在购买保险方面的差异，将地震保险分成家庭和企业两种保险产品。政府和保险公司合作，共同管理经营家庭地震保险，同时政府给予再保险政策支持和赔款准备金资金支持。保险公司负责企业地震保险的业务。地震再保险业务只在日本国内开展，以分散国内的风险。当地震损失达到一定程度时，先由保险公司和再保险公司进行赔付，赔付额度超过承受能力时政府兜底承担最终责任。

土耳其于2000年通过了地震保险计划法案，在世界银行的帮助下建立了政府、保险公司合作的土耳其巨灾保险基金。政府负责强制性地震保险条款的开发，保险公司经营地震保险业务。市区内的所有建筑物必须按照法律要求投保地震保险。土耳其巨灾保险市场发展程度有限，所以土耳其保险公司将保单分保给巨灾保险基金，基金将95%的风险通过再保险形式分散到国际市场，增强风险承受能力。土耳其巨灾保险实行多层级风险分担机制。世界银行、巨灾保险基金、再保险公司分别对10亿美元内的巨灾损失进行赔付，10亿～20亿美元以内的损失由土耳其政府承担。

法国政府财政支持成立中央信托再保险公司，负责保险制度的运行。各个保险公司可以自愿选择是否由再保险公司对巨灾风险进行再保。实现巨灾风险再保的保险公司，在巨灾分散后，可以获得再保险公司与其约定的损失比例赔偿，损失赔偿超过一定范围，超过保费收入的部分由政府进行承担。

## 6.3 法律法规支持巨灾保险发展[①]

法律法规对巨灾保险的发展进行规范，同时也为其提供良好的法律环境。1956 年美国国会通过《联邦洪水保险法》，1968 年美国颁布了全国洪水保险法案，设立国家洪水保险计划，社区居民可自愿投保，但是该计划自实施以来呈亏损状态。为提高投保率，美国国会于 1973 年通过《洪水灾害防御法》，在 1994 年通过了《国家洪水保险改革法案》，对洪水保险的强制性进行了说明。多年的法案改革和制度安排，使洪水保险投保率得以上升。除此之外，美国为推动地震保险的发展，颁布了《地震保险法》。新西兰于 1944 年颁布了《地震于战争损害法》，1993 年出台了《地震保险委员会法案》。挪威于 1990 年实施《自然灾害保险法》，还细化制定了《挪威自然灾害共保组织规则》和《挪威自然灾害共保组织标准保单条款》。日本先后颁布了《地震制定纲要》（1934 年）、《地震保险法纲要》（1949 年）、《地震保险实施纲要》（1953 年），1966 年出台了《地震保险关联法》和《地震再保险特别会计法》。土耳其政府为建立巨灾保险共同体于 2000 年签署了《强制地震保险法令》。1982 年法国实施《自然灾害保险补偿制度》。各国为推动巨灾保险发展颁布实施法律法规，对相应的巨灾保险制度的建设进行了原则性明确规定和说明，对各个国家的不同应急管理体系进行了统一规定。我国出台了相应的法律法规为巨灾保险制度的建设提供环境基础，当前规制保险公司经营行为的《保险法》不适用于巨灾保险。从上述国际巨灾保险运行的经验看，没有明确清晰的法律法规为依托，巨灾保险的发展和推广并不能顺利进行。在对法律法规进行完善之后，外部法律环境清晰明朗，会推动巨灾保险制度的良好建设。因此，我国在建设巨灾保险制度的过程中，要有

---

① 刘康，黎晨曦，雷越. 巨灾保险：发展现状、国际经验及政策建议 [J]. 现代金融导刊，2020（9）：60-65.

法可依，立法、出台政策可以激励商业保险公司进入巨灾保险市场，还可以规范保险公司的产品设计、推广，进而有效地管理巨灾保险。

## 6.4 发展我国巨灾保险的启示

国外巨灾保险的探索和实践已取得相对较大的成功，有很多经验值得借鉴和学习，也为我国推行相应的巨灾保险提供了有益的启示。鉴于我国国情，发达国家的现有运行机制和模式并不完全适用，我国尚不具备完善的法律保障体系、发达的保险与资本市场、消费者较高的风险保险意识等条件，需要进行长期的探索和发展，借鉴其有益之处来促进我国巨灾保险制度的建设。

1. 建设政府主导、市场为主体的巨灾保险制度

鉴于国家制度和巨灾保险市场发展程度的差异，若要在毫无市场条件的情况下实现巨灾保险私营市场化运行是不科学的，也是不符合我国国情的。巨灾保险有一定的公共物品属性，需要政府的政策支持和宏观调控与管理。政府和保险公司合作，共同助力巨灾保险发展，获得充足的资金以防灾抗灾救灾。一方面，可以改善巨灾风险事件发生后政府临时调拨财政支出救灾的问题，多渠道筹集的资金可以降低财政支出的压力。另一方面，政府和保险公司展开合作，政府的参与和监管可以很大程度上避免只由保险公司设计保险产品、费率厘定、产品推销等完全自由市场化行为中出现市场失灵的情况，同时为信息不对称弱势方的投保人、被保险人、受益人合法利益提供坚实的保障。我国重视巨灾保险的发展，学者也从国际巨灾保险制度建设经验的总结、巨灾保险主体分析、巨灾保险证券化以及定价等方面进行了探讨，研究成果较为丰富，但是理论并没有落地、转化为相应的实际产品。因此，基于保险市场发展程度较低、巨灾保险制度没有建立的现实情况和建立高效的应急管理体系以应对巨灾风险的迫切需求，加上政府和保险公司合作适应我国国情，

应尽快完成公私伙伴合作巨灾保险制度的建设。政府与市场在巨灾保险方面展开合作是对我国政府和市场的正确定位。公私伙伴合作巨灾保险制度的建设既离不开政府积极的政策、法律支持，也离不开市场中保险公司的重要参与。一方面，政府应积极参与，主动引导巨灾保险市场的保险公司参与进来，建立巨灾保险基金，出台相关法律法规给予巨灾保险经营者以补贴，降低其运营巨灾保险产品的成本；另一方面，要重视市场力量，作为市场中的重要参与主体，保险公司应该积极寻求合作，推动突发公共卫生事件巨灾保险运行。

**2. 加强巨灾保险制度建设的法律保障**

从上述国际巨灾保险建设的经验总结看，无论是政府主导模式下的美国洪水保险、纯市场化运作的英国洪水保险还是公私合作的日本地震保险，都是政府出台相关巨灾保险的法律和政策支持保险发展。政府颁布和落实巨灾保险发展的政策，激发保险公司参与巨灾保险制度建设的积极性，同时可以提高巨灾保险的投保率，比如新西兰《地震保险委员会法案》等法案规定，将地震保险强制附加于火灾保险。但在国内巨灾保险制度还未建立，仅仅有深圳、宁波、云南大理巨灾保险试点，且试点实验的开展并不具有普遍性的情况下，强制性投保巨灾保险不可取，政府可以在投保巨灾保险上给予投保人补贴，出台补贴政策和激励保险公司经营巨灾保险的政策，地方政府依据各个地区不同的地理特征、巨灾风险发生概率大小等情况制定差异化的规则来促进当地巨灾保险的发展。同时可以结合和总结国外巨灾保险法制体系的建设经验，吸取适用于我国国情的部分有益经验，建立健全的法制既是构建巨灾保险制度的基础，也是巨灾保险顺利推出和运行重要保障。因此，当前要在我国顺利推行突发公共卫生事件巨灾保险，必须加快制定适合我国国情的突发公共卫生事件巨灾保险法律，厘清突发公共卫生事件巨灾保险的各参与方的作用，明确确定消费者参保的形式，利用巨灾保险数据制定出合理的保费，政府对消费者投保和保险公司进行经营管理等方面给予明确的补贴标准，以及在保险公司运营巨灾保险遇到赔偿不足的情况下政府参与弥补的形式和补偿的力度、大小等可以以法律形式规定出来。2020 年新冠肺炎疫情暴发后，为响应巨灾风险应急管理体系建设的重要目标要求，我国已在宁波、东莞等地区进行突发公共卫生事件保险的试点，在实践的过程中，有不完善的地方、巨灾保险运行不到位的情况可在巨灾保险的实际运行中得到不断完善。巨灾保险相关法律法规的出台，为保险公司进行巨灾保险推广提供了良好的外部环境，为保险人提供了坚实的法律保障，加大对保险参与主体利益的保护，从而利于市场上的保险人在突发公共卫生事件巨灾保险领域推行巨灾保险产品。

3. 创新巨灾风险分散机制

较之西方发达国家和地区，我国在巨灾保险产品及衍生品的创新、巨灾保险基金和巨灾再保险分担体系等的实践方面还存在着很大的差距，这些国家和地区在巨灾保险方面的实践为我国发展巨灾保险提供了有益的借鉴和启示。巨灾风险发生带来巨大的人身财产损失，造成保险公司无法承担的保险赔偿责任与风险，因此依靠保险公司和保险业都无法有效地转移、分散巨灾风险。发达国家和地区不断探索创新巨灾保险产品及衍生品，比如上述提到的美国地震保险、洪水保险，日本地震保险等，都是在不同保险公司和保险业外的资本市场转移、分散、分摊巨灾风险，以维护巨灾保险业的合理利润，从而更好地推进巨灾保险的持续经营和发展。国际上的有益经验是值得借鉴和学习的，随着我国保险业的不断成熟和资本市场的不断完善，2015 年中再集团子公司中再产险与百慕大的 SPV（特殊目的机构）Panda Re 展开合作，国内第一只以地震风险为保障对象的巨灾债券在境外市场发行。以此为契机，在新冠肺炎疫情的背景下，可继续探索创新适合我国保险业和资本市场的多风险、多作物型的突发公共卫生事件巨灾保险产品，创新突发公共卫生事件巨灾债券等产品。

### 4. 鼓励消费者积极参与投保

巨灾保险市场另一个重要参与主体为消费者，在巨灾保险制度的建设过程中，就不得不对作为保险需求方的消费者进行考虑。在巨灾风险应急管理方面仅靠政府和保险公司不是最有效的，消费者也应参与进来。消费者参与的方式为对巨灾保险进行投保。但是当下的市场环境和法律环境都不能为保险公司的巨灾保险提供良好的外部条件，供给缺少，更不用说在供给稀缺下的高保费的需求问题。一方面，消费者的巨灾风险管理意识不足；另一方面，政府在巨灾风险管理以及巨灾保险推广的宣传上还有所欠缺，因此鼓励消费者积极参与投保的前提是让消费者明白投保的意义，为避免突发公共卫生事件巨灾保险消费利益的过多外溢，推进巨灾保险的持续发展，保障消费者对巨灾保险需求的稳定，需要对消费者在投保巨灾保险时给予一定的保险补贴，并将补贴的形式、额度大小等以法规的形式呈现给消费者，加以宣传，以吸引消费者投保。上述国际巨灾保险的推广中，有部分国家实行巨灾保险的强制购买，比如美国的地震保险、日本的半强制地震保险等，在自然巨灾风险频繁的地区可探索采取有条件的强制保险形式，让尽可能多的消费者参与到投保巨灾保险中来。而在突发公共卫生事件上，强制全部消费者都参与突发公共卫生事件巨灾保险，在现阶段试点工作还未完全成功的前提下是不切实际的。为能更好地分散巨灾风险，有效防止逆向选择，在未来实行有条件的强制投保巨灾保险是必要的。与政策优惠福利等结合，加强营造保险文化氛围，加大保险知识宣传力度，提高消费者的保险意识，鼓励消费者保险主体参与。

# 第 7 章

# 政府引导型突发公共卫生事件巨灾保险
# 运行机制的实证分析

    自然灾害、人为引发所带来的重大人身财产损失的事件或是与在全球肆虐的新冠肺炎疫情类似的突发公共卫生事件的发生，极大影响了一国或地区的经济和社会，给当地人民造成了巨大的损失和影响。各个国家都依据各自情况建立了相应的风险应急管理体系，以防灾抗灾。巨灾保险的制度建设是应急管理体系的重要部分，其中涉及政府、保险公司和市场消费者三主体。如何确立三主体在制度中的不同作用，怎样融合三方主体以促进制度高效运行，是接下来"十四五"规划中在应急管理体系现代化建设框架下重点关注的问题。传统的博弈理论分析一个时间点上博弈各参与方的策略问题，演化博弈将生物进化论的思想整合进博弈理论，进而发展成演化博弈理论，对博弈参与方的随时间推移动态决策进行研究。演化博弈论关注研究事件中各参与主体的动态发展以及基于有限理性下采取策略变化性。巨灾保险的建设必定要考虑保险的主要供给者——保险公司，对巨灾保险进行投保的市场消费者以及扮演最后保险人角色的政府在保险交易中的不同作用，不同主体实施的行为会对其他主体在巨灾保险问题上采取何种策略产生影响，且这一影响过程并不是在单一博弈过程中完成的，各主体不仅以其他主体的行为策略为参考信息，还以自身参与方在上次博弈中的决策结果为依据修正改善下一阶段的博弈策略。因此，演化博弈理论的思想契合本书研究在突发公共卫生事件中巨灾保险制度建设整合三主体作用的主题，运用此方法探讨以丰富巨灾保险制度建设理论研究和为实际巨灾保险制度建设提供实践参考。

## 7.1　基本假设

演化博弈理论同其他模型方法一样，是在对纷繁复杂现实生活加以抽象处理的基础上，辅以相应的假设条件进行研究的统计数理化方法。本书基于演化博弈理论，对政府、保险公司、消费者三者之间的利益关系进行研究。三者之间信息存在不对称，均为有限理性且在参与各方都追求自身利益的最大化的前提下，提出假设：

（1）假设 1：在巨灾保险建设过程中，政府采取激励和不激励两种策略，激励的概率假设为 $x$，那么不激励的概率为 $1-x$，$0 \leqslant x \leqslant 1$。在诸如汶川地震、青海玉树地震、2020 年新冠肺炎疫情等重大公共事件发生后，政府都是以风险后果的最终承担者角色对受灾地区的人群进行救助。为了促进制度的建设以利于巨灾保险市场的发展，政府需要采取必要的激励措施，建立巨灾保险基金，基金的投入假设为 $F$，$F \geqslant 0$，除此之外还包括对投保巨灾保险的消费者提供保险补贴，假设为 $r$，$r \geqslant 0$，灾后的救助投入为 $c$，$c \geqslant 0$，政府对巨灾损失承担的比例为 $S$，$0 \leqslant S \leqslant 1$。政府激励下带来的经济效益和社会效益为 $E_1$。在没有政府激励措施下，保险公司经营巨灾保险时，政府的经济效益为 $E_2$。

（2）假设 2：从保险公司角度出发，经营巨灾保险的概率为 $y$，$0 \leqslant y \leqslant 1$，获得的经济效益为 $E_3$，$E_3 \geqslant 0$，不管经营与否，其固定经济效益为 $E_f$，$E_f \geqslant 0$，付出相应的成本 $C_1$，税收优惠比例 $T_1$，同时获得政府巨灾保险基金的支持，金额为 $hF$，其中 $0 < h < 1$，经营巨灾保险的保险公司赔付的比例为 $k$，$0 \leqslant k < 1$；不经营巨灾保险的概率为 $1-y$，固定经济效益为 $E_f$，但失去了经营巨灾保险获得的潜在经济效益 $E_p$，$E_p \geqslant 0$。

（3）假设3：消费者基于前景理论的价值函数进行博弈决策。面对巨灾风险，当前国内还未真正建立起巨灾保险制度，巨灾保险市场的发展还处于初期阶段，保险公司在巨灾风险的赔付能力方面不足，消费者的巨灾保险意识也不充分。但是保险公司基于其资金和信息优势，有相当的风险承受能力。消费者对不确定的巨灾风险结果，依据前景理论中的价值函数进行决策。因此，投保巨灾保险的消费者的价值函数为 $V_1 = v(L, P, g, r, c, k)$，其中巨灾风险损失 $L \in [0, +\infty)$。没有投保巨灾保险消费者的价值函数为 $V_2 = v(L, P, r, c)$。从市场消费者角度出发，巨灾风险的发生具有低频高损失性的特点决定了巨灾保险的高费率，在政府的激励措施下，消费者会采取投保巨灾保险策略，概率为 $z$，$0 \leq z \leq 1$，投保巨灾保险的保费为 $g$，获得的比不投保巨灾保险的消费者多的正向效益 $E_5$，另外消费者有投保巨灾保险意愿但是巨灾保险较少或不满足要求而额外付出的搜索信息成本 $C_e$（卓志和邝启宇，2014），消费者采取不投保巨灾保险策略，概率为 $1 - z$，获得的经济效益 $E_6$，消费者自行对巨灾风险付出为 $C_i$，不投保巨灾保险的消费者在巨灾发生后从经营巨灾保险的保险公司得到的溢出效应系数 $m$（卓志和邝启宇，2014），$0 < m < k < 1$。

本章各变量及其含义汇总如表 7-1 所示：

**表 7-1** 模型假设中参数的说明

| 参数 | 参数符号说明 |
| --- | --- |
| $x$ | 政府采取激励措施的概率 |
| $E_1$ | 政府采取激励措施下政府获得的经济效益 |
| $F$ | 政府采取激励措施下建立巨灾保险基金投入 |
| $r$ | 对投保巨灾保险的消费者提供保险补贴 |
| $c$ | 政府灾后的救助投入 |
| $S$ | 政府承担的风险损失比例 |
| $E_2$ | 无激励措施下政府获得的经济效益 |

续表

| 参数 | 参数符号说明 |
|---|---|
| $y$ | 保险公司经营巨灾保险的概率 |
| $E_3$ | 激励政策下保险公司经营巨灾保险获得的经济效益 |
| $C_1$ | 激励政策下保险公司经营巨灾保险付出的成本 |
| $T_1$ | 激励政策下保险公司经营巨灾保险获得的税收优惠比例 |
| $E_4$ | 保险公司不经营巨灾保险获得的经济效益 |
| $C_2$ | 保险公司不经营巨灾保险付出的成本 |
| $T_2$ | 无政府激励下保险公司税收比例 |
| $z$ | 消费者投保巨灾保险的概率 |
| $g$ | 消费者在巨灾保险方面投入的保费 |
| $E_5$ | 消费者投保巨灾保险获得的比不投保巨灾保险的消费者多的正向效益 |
| $E_6$ | 消费者没有投保巨灾保险获得的经济效益 |
| $L$ | 巨灾风险损失 |
| $P$ | 巨灾风险发生的概率 |
| $V_1$ | 投保巨灾保险的消费者基于巨灾风险损失 L、发生的概率 P 的价值函数 |
| $V_2$ | 没有投保巨灾保险的消费者基于巨灾风险损失 L、发生的概率 P 的价值函数 |
| $C_i$ | 消费者自行对巨灾风险付出的成本 |
| $C_e$ | 消费者有投保巨灾保险的意愿但巨灾保险较少或不满足要求而额外付出的搜索信息成本 |
| $E_f$ | 保险公司的固定收益 |
| $E_p$ | 不经营巨灾保险的保险公司失去的潜在收益 |
| $h$ | 政府建立巨灾保险基金对保险公司的支持力度 |
| $m$ | 不投保巨灾保险的消费者从经营巨灾保险的保险公司得到的溢出效应系数 |
| $k$ | 经营巨灾保险的保险公司对风险损失的赔付比例 |

## 7.2　三方演化博弈模型构建与分析

### 7.2.1　支付矩阵的构建

依据假设和表 7-1 中的符号说明，构建如表 7-2 和表 7-3 所示的政府、保险公司、消费者之间的演化博弈支付矩阵。

**表 7 - 2** 政府、保险公司和消费者三方博弈的支付矩阵

| 策略选择 | 消费者 | 保险公司 | |
|---|---|---|---|
| | | 经营 $y$ | 不经营 $1 - y$ |
| 政府采取激励措施发展 巨灾保险 $x$ | 投保 $z$ | $(A_1, B_1, D_1)$ | $(A_2, B_2, D_2)$ |
| | 不投保 $1 - z$ | $(A_3, B_3, D_3)$ | $(A_4, B_4, D_4)$ |
| 政府不采取激励措施发展 巨灾保险 $1 - x$ | 投保 $z$ | $(A_5, B_5, D_5)$ | $(A_6, B_6, D_6)$ |
| | 不投保 $1 - z$ | $(A_7, B_7, D_7)$ | $(A_8, B_8, D_8)$ |

**表 7 - 3** 表 7 - 2 符号说明

| 支付矩阵的各主体参数 | 政府 - 保险公司 - 消费者 |
|---|---|
| $(A_1, B_1, D_1)$ | $(E_1 - F - r - c - S \times L \times P, (1 - T_1) \times (g + E_f + E_3) - C_1 - L \times k \times P + h \times F, V_1 - g + E_5 + L \times m \times P)$ |
| $(A_2, B_2, D_2)$ | $(E_1 - F - r - c - L \times P, E_f - E_p, - C_e - P \times C_i)$ |
| $(A_3, B_3, D_3)$ | $(E_1 - F - r - c - S \times L \times P, (1 - T_1) \times (E_f + E_3) - C_1 - L \times k \times P + h \times F, V_2 + m \times P \times L)$ |
| $(A_4, B_4, D_4)$ | $(- F - r - c - L \times P, E_f, V_2 - P \times C_i)$ |
| $(A_5, B_5, D_5)$ | $(E_2 - r - c - S \times L \times P, (1 - T_2) \times (g + E_f + E_3) - C_1 - L \times k \times P, V_1 - g + E_5 + L \times k \times P)$ |
| $(A_6, B_6, D_6)$ | $(- r - c - S \times L \times P, E_f - E_p, - C_e - P \times C_i)$ |
| $(A_7, B_7, D_7)$ | $(E_2 - r - c - S \times L \times P, (1 - T_2) \times (E_f + E_3) - C_1 - L \times k \times P, V_2 + m \times P \times L)$ |
| $(A_8, B_8, D_8)$ | $(- r - c - L \times P, E_f, V_2 - P \times C_i)$ |

## 7.2.2 政府—保险公司—消费者三方复制动态方程

根据表 7 - 2 和表 7 - 3，假设在演化博弈中政府选择激励和不激励的期望收益分别为 $U_{g1}$、$U_{g2}$，其期望平均收益为 $\overline{U}_g$。结果整合如下：

（1）政府的复制动态方程及其求解：

$$\overline{U}_g = x U_{g1} + (1 - x) U_{g2} \qquad (7.1)$$

由表 7 - 3 可以计算 $U_{g1}$ 的表达式为：

$$U_{g1} = zy(E_1 - F - r - c - S \times L \times P) + z(1 - y)(E_1 - F - r - c - L \times P)$$
$$+ (1 - z)y(E_1 - F - r - c - S \times L \times P)$$
$$+ (1 - z)(1 - y)(-F - r - c - L \times P)$$
$$= (1 - z)yE_1 + zE_1 + [y(1 + S) - 1]LP - F - c - r \qquad (7.2)$$

由表 7 - 3 可以计算 $U_{g2}$ 的表达式为:

$$U_{g2} = zy(E_2 - r - c - S \times L \times P) + z(1 - y)(-r - c - S \times L \times P)$$
$$+ (1 - z)y(E_2 - r - c - S \times L \times P) + (1 - z)(1 - y)(-r - c - L \times P)$$
$$= yE_2 + (1 - z)[y(1 - S)LP - c - r - LP] \qquad (7.3)$$

由式 (7.1) ~ 式 (7.3) 可以计算出政府的复制动态方程:

$$F(x) = \frac{\mathrm{d}x}{\mathrm{d}t} = x(U_{g1} - \overline{U}_g) = x(1 - x)(U_{g1} - U_{g2})$$
$$= x(1 - x)[y(E_1 - E_2) + yLP(S + k - Sz - z)$$
$$- F + z(-c - r - LP)] \qquad (7.4)$$

由表 7 - 3 可以计算 $U_{i1}$、$U_{i2}$ 的表达式为:

$$U_{i1} = xz[(1 - T_1) \times (g + E_f + E_3) - C_1 - L \times k \times P + h \times F]$$
$$+ x(1 - z)(E_f - E_p) + (1 - x)z[(1 - T_2) \times (g + E_f + E_3)$$
$$- C_1 - L \times k \times P] + (1 - z)(1 - x)[(1 - T_2) \times (E_f + E_3)$$
$$- C_1 - L \times k \times P] = zxg(1 - T_1) + z(1 - x)g(1 - T_2)$$
$$+ x(E_f + E_3)(T_2 - T_1) + xhF \qquad (7.5)$$

$$U_{i2} = xz(E_f - E_p) + x(1 - z)E_f + (1 - x)z[(1 - T_2) \times (g + E_f$$
$$+ E_3) - C_1 - L \times k \times P] + (1 - z)(1 - x)E_f = E_f - zE_p \qquad (7.6)$$

(2) 保险公司的复制动态方程及其求解。保险公司选择经营巨灾保险和不经营巨灾保险的期望收益分别为 $U_{i1}$、$U_{i2}$, 其期望平均收益为 $\overline{U}_i$。

$$\overline{U}_i = yU_{i1} + (1 - y)U_{i2} \qquad (7.7)$$

由式 (7.5) ~ 式 (7.7) 可以计算出保险公司的复制动态方程:

$$F(y) = \frac{\mathrm{d}y}{\mathrm{d}t} = y(U_{i1} - \overline{U}_i) = y(1 - y)(U_{i1} - U_{i2})$$

$$= y(1 - y)\big[ zxg(1 - T_1) + zg(1 - x)(1 - T_2)$$

$$+ x(E_f + E_3)(T_2 - T_1) + xhF - E_f + z E_p \big] \tag{7.8}$$

（3）消费者的复制动态方程及其求解。市场上的消费者选择投保巨灾保险与不投保巨灾保险的期望收益为 $U_{c1}$、$U_{c2}$，其期望平均收益为 $\overline{U}_c$。

$$\overline{U}_c = z U_{c1} + (1 - z) U_{c2} \tag{7.9}$$

由表 7 - 3 可以计算 $U_{c1}$ 的表达式为：

$$U_{c1} = xy\big[ V_1 - g + E_5 + L \times (1 - S) \times P \big] + x(1 - y)(-C_e - P \times C_i)$$

$$+ (1 - x)y(V_1 - g + E_5 + L \times k \times P) + (1 - x)(1 - y)(-C_e - P \times C_i)$$

$$= y\big[ V_1 - g + E_5 + L \times k \times P \big] + (1 - y)(-C_e - P \times C_i) \tag{7.10}$$

由表 7 - 3 可以计算 $U_{c2}$ 的表达式为：

$$U_{c2} = xy(V_2 + k \times P \times L) + x(1 - y)(V_2 - P \times C_i)$$

$$+ (1 - x)y(V_2 + m \times P \times L) + (1 - x)(1 - y)(V_2 - P \times C_i)$$

$$= y(V_2 + m \times P \times L) + (1 - y)(V_2 - P \times C_i) \tag{7.11}$$

由式（7.9）~式（7.11）可以计算出市场消费者的复制动态方程：

$$F(z) = \frac{\mathrm{d}z}{\mathrm{d}t} = z(U_{c1} - \overline{U}_c) = z(1 - z)(U_{c1} - U_{c2})$$

$$= z(1 - z)\big[ y(V_1 - g + E_5 + L \times k \times P - V_2 - m \times P \times L)$$

$$+ (1 - y)(-C_e - V_2) \big] \tag{7.12}$$

### 7.2.3 三方博弈时其均衡点的稳定性分析

（1）政府的策略稳定性分析。当 $z = \dfrac{y(E_1 - E_2) + yLP(S + k) - F}{c + r + LP + yLP(1 + S)}$ 时，式（7.4）为零，即 $F(x) \equiv 0$，此时表明政府激励 x 取任何值随着时间不会改变都是稳定策略。当 $z \neq \dfrac{y(E_1 - E_2) + yLP(S + k) - F}{c + r + LP + yLP(1 + S)}$ 时，有 $x = 0$ 或 $x = 1$，此时 $F(x) = 0$，可知 $x = 0$ 或 $x = 1$ 是 $F(x)$ 的两个稳定点。此情形表明政府面对巨灾保险问题选择不采取激励措施或者采取完全激励措施，无论市场发生什么变化或随着时间推移，政府的策略

不会发生改变。进一步对政府演化博弈策略在 $x = 0$ 或 $x = 1$ 两点的稳定性进行检验，对 $F(x)$ 求偏导得：

$$\frac{\mathrm{d}F(x)}{\mathrm{d}x} = (1 - 2x)\left[ y(E_1 - E_2) + yLP(S + k - Sz - z) - F \right.$$
$$\left. + z(-c - r - LP) \right] \qquad (7.13)$$

当 $z > \dfrac{y(E_1 - E_2) + yLP(S + k) - F}{c + r + LP + yLP(1 + S)}$ 时，$\left.\dfrac{\mathrm{d}F(x)}{\mathrm{d}x}\right|_{x=0} < 0$，$\left.\dfrac{\mathrm{d}F(x)}{\mathrm{d}x}\right|_{x=1}$

$> 0$，因此 $x = 0$ 为政府博弈策略的稳定点，此情形表明当巨灾保险市场中的消费者的保险需求达到一定程度时，采取适度的激励措施促进巨灾保险发展是政府的最优策略。

当 $z < \dfrac{y(E_1 - E_2) + yLP(S + k) - F}{c + r + LP + yLP(1 + S)}$ 时，$\left.\dfrac{\mathrm{d}F(x)}{\mathrm{d}x}\right|_{x=0} > 0$，$\left.\dfrac{\mathrm{d}F(x)}{\mathrm{d}x}\right|_{x=1}$

$< 0$，因此 $x = 1$ 为政府博弈策略的稳定点，此情形表明当巨灾保险市场中的消费者的保险需求降低到一定水平时，政府不采取激励措施是政府的最优策略。

上述分析表明，面对新冠肺炎疫情等突发公共卫生事件，市场中的消费者不得不考虑采取何种方式应对这种发生概率小、损失严重、影响大的巨灾风险，而投保巨灾保险成为消费者降低损失、保障人身财产安全的重要选择。重大疫情的发生也在客观上增加了消费者对巨灾保险的需求。实际中突发公共卫生事件巨灾保险并未真正发展起来，在消费者对巨灾保险有一定需求的情况下，需要政府引导市场建立巨灾保险制度，颁布相应的激励政策促进巨灾保险的发展。根据分析，令

$z_0 = \dfrac{y(E_1 - E_2) + yLP(S + k) - F}{c + r + LP + yLP(1 + S)}$，政府关于巨灾保险是否采取激励策略的相位图见图 7 - 1。

（2）保险公司的策略稳定性分析。当 $x = \dfrac{zg(1 - T_2) - E_f + z E_p}{(zg + E_f + E_3)(T_1 - T_2) - hF}$

时，式（7.8）为零，即 $F(y) \equiv 0$，此时表明保险公司经营巨灾保险 $y$ 取任

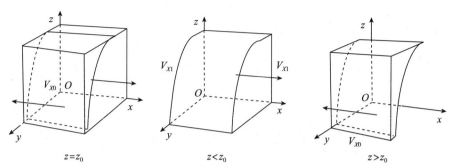

$z=z_0$        $z<z_0$        $z>z_0$

**图 7 – 1　政府激励策略选择的相位**

何值随着时间不会改变都是稳定策略。当 $x \neq \dfrac{zg(1-T_2)-E_f+zE_p}{(zg+E_f+E_3)(T_1-T_2)-hF}$
时，有 $y=0$ 或 $y=1$ ，此时 $F(y)=0$ ，可知 $y=0$ 或 $y=1$ 是 $F(y)$ 的
两个稳定点。此情形表明保险公司面对巨灾保险问题选择采取不经营巨
灾保险或者经营巨灾保险的策略，随着时间推移，保险公司的策略不会
发生改变。进一步对保险公司演化博弈策略在 $y=0$ 或 $y=1$ 两点的稳定
性进行检验，对 $F(y)$ 求偏导得：

$$\frac{\mathrm{d}F(y)}{\mathrm{d}y} = (1-2y)\big[zxg(1-T_1)+zg(1-x)(1-T_2)$$

$$+ x(E_f+E_3)(T_2-T_1)+xhF-E_f+zE_p\big] \qquad (7.14)$$

当 $x > \dfrac{zg(1-T_2)-E_f+zE_p}{(zg+E_f+E_3)(T_1-T_2)-hF}$ 时，$\dfrac{\mathrm{d}F(y)}{\mathrm{d}y}\Big|_{y=0} < 0$ ，$\dfrac{\mathrm{d}F(y)}{\mathrm{d}y}\Big|_{y=1}$

$>0$ ，因此 $y=0$ 为保险公司博弈策略的稳定点，此情形表明当巨灾保险
市场中政府对经营巨灾保险的公司扶持政策达到一定效果或扶持力度达
到一定水平时，采取经营巨灾保险的策略是保险公司的最优策略。

当 $x < \dfrac{zg(1-T_2)-E_f+zE_p}{(zg+E_f+E_3)(T_1-T_2)-hF}$ 时，$\dfrac{\mathrm{d}F(y)}{\mathrm{d}y}\Big|_{y=0} > 0$ ，$\dfrac{\mathrm{d}F(y)}{\mathrm{d}y}\Big|_{y=1}$

$<0$ ，因此 $y=1$ 为保险公司博弈策略的稳定点，此情形表明当巨灾保险
市场中政府对经营巨灾保险的公司扶持力度降低到一定水平时，保险公
司不经营巨灾保险发展是保险公司的最优策略。

上述分析表明，面对新冠肺炎疫情等突发公共卫生事件，现阶段巨

灾保险制度还未建立起来，对巨灾保险的政策还在制定中或没有发挥完全的激励效应，同时基于发生概率小、损失严重、影响大的巨灾风险的特性，保险公司经营巨灾保险就要收取较高的保费，消费者面对高昂的保费支出望而却步，导致消费者的巨灾保险需求降低，市场中的保险公司经营巨灾保险的比例减小。而应对巨灾风险不能仅靠政府的最终风险承担行为，发展巨灾保险是应对巨灾风险的必要要求。随着政府考虑采取何种措施激励巨灾保险发展的深入，政策、市场给予巨灾保险良好的成长空间，保险公司开始探索经营巨灾保险的模式和渠道。根据分析，

令 $x_0 = \dfrac{zg(1 - T_2) - E_f + z E_p}{(zg + E_f + E_3)(T_1 - T_2) - hF}$，保险公司关于巨灾保险是否采取

经营策略的相位图见图 7 - 2。

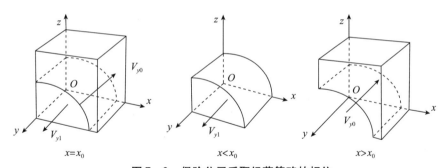

**图 7 - 2　保险公司采取经营策略的相位**

（3）消费者的策略稳定性分析。当 $y = \dfrac{C_e + V_2}{V_1 - g + E_5 + L \times (k - m) \times P + C_e}$

时，式（7.12）为零，即 $F(z) \equiv 0$，此时表明消费者投保巨灾保险 $z$ 取任何值

随着时间不会改变都是稳定策略。当 $y \neq \dfrac{C_e + V_2}{V_1 - g + E_5 + L \times (k - m) \times P + C_e}$

时，有 $z = 0$ 或 $z = 1$，此时 $F(z) = 0$，可知 $z = 0$ 或 $z = 1$ 是 $F(z)$ 的两个稳定点。此情形表明消费者考虑到巨灾风险问题选择投保巨灾保险或者不巨灾保险的策略，随着时间推移，消费者的策略不会发生改变。进一步对消费者演化博弈策略在 $z = 0$ 或 $z = 1$ 两点的稳定性进行检验，对

$F(z)$ 求偏导得：

$$\frac{\mathrm{d}F(z)}{\mathrm{d}z} = (1 - 2z)\left[y(V_1 - g + E_5 + L \times k \times P - V_2 - m \times P \times L) \right.$$
$$\left. + (1 - y)(- C_e - V_2)\right] \tag{7.15}$$

当 $y > \dfrac{C_e + V_2}{V_1 - g + E_5 + L \times (k - m) \times P + C_e}$ 时，$\dfrac{\mathrm{d}F(z)}{\mathrm{d}z}\bigg|_{z=0} > 0$，

$\dfrac{\mathrm{d}F(z)}{\mathrm{d}z}\bigg|_{z=1} < 0$，因此 $z = 1$ 为消费者博弈策略的稳定点，此情形表明当巨灾保险市场中保险公司经营巨灾保险达到一定规模时，采取投保巨灾保险的策略是消费者的最优策略。

当 $y < \dfrac{C_e + V_2}{V_1 - g + E_5 + L \times (1 - S - k) \times P + C_e}$ 时，$\dfrac{\mathrm{d}F(z)}{\mathrm{d}z}\bigg|_{z=0} < 0$，

$\dfrac{\mathrm{d}F(z)}{\mathrm{d}z}\bigg|_{z=1} > 0$，因此 $z = 0$ 为消费者博弈策略的稳定点，此情形表明当巨灾保险市场中保险公司经营巨灾保险还未达到一定规模或巨灾保险的供给降低到一定水平时，消费者不投保巨灾保险是消费者的最优策略。

令 $y_0 = \dfrac{C_e + V_2}{V_1 - g + E_5 + L \times (k - m) \times P + C_e}$，消费者关于巨灾保险是否采取投保策略的相位图见图 7 – 3。

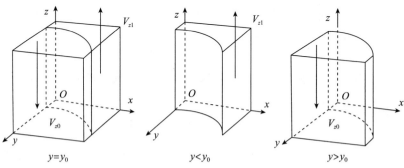

图 7 – 3  消费者采取投保策略的相位

## 7.2.4　三方演化博弈策略组合系统均衡点稳定性分析

将三方演化博弈看作一个博弈策略系统，则其系统的稳定性可以通过联立复制动态方程求解进行判断。令政府策略的复制动态微分方程式7.4、保险公司策略的复制动态微分方程式7.8、消费者策略的复制动态微分方程式7.12 都为0可得，均衡点有 $N_1(0,0,0)$、$N_2(0,1,0)$、$N_3(0,0,1)$、$N_4(1,0,0)$、$N_5(1,1,0)$、$N_6(1,0,1)$、$N_7(0,1,1)$、$N_8(1,1,1)$。为了确定演化博弈动态过程中政府、保险公司、市场消费者三方的稳定状态，下面采用雅可比矩阵定性分析系统的局部稳定性。根据各博弈主体的复制动态方程，得到复制动态系统的雅可比矩阵为：

$$J = \begin{bmatrix} \dfrac{\mathrm{d}F(x)}{\mathrm{d}x} & \dfrac{\mathrm{d}F(x)}{\mathrm{d}y} & \dfrac{\mathrm{d}F(x)}{\mathrm{d}z} \\[2mm] \dfrac{\mathrm{d}F(y)}{\mathrm{d}x} & \dfrac{\mathrm{d}F(y)}{\mathrm{d}y} & \dfrac{\mathrm{d}F(y)}{\mathrm{d}z} \\[2mm] \dfrac{\mathrm{d}F(z)}{\mathrm{d}x} & \dfrac{\mathrm{d}F(z)}{\mathrm{d}y} & \dfrac{\mathrm{d}F(z)}{\mathrm{d}z} \end{bmatrix} = \begin{bmatrix} F_{a1} & F_{a2} & F_{a3} \\ F_{b1} & F_{b2} & F_{b3} \\ F_{d1} & F_{d2} & F_{d3} \end{bmatrix} \tag{7.16}$$

复制动态方程求解：

$$F_{a1} = (1-2x)\big[y(E_1-E_2)+yLP(S+k-Sz-z) \\ -F+z(-c-r-LP)\big] \tag{7.17}$$

$$F_{a2} = x(1-x)\big[E_1-E_2+LP(S+k-Sz-z)\big] \tag{7.18}$$

$$F_{a3} = x(1-x)\big[-yLP(1+S)-c-r-LP\big] \tag{7.19}$$

$$F_{b1} = y(1-y)\big[(E_f+E_3+zg)(T_2-T_1)+hF\big] \tag{7.20}$$

$$F_{b2} = (1-2y)\big[zxg(1-T_1)+zg(1-x)(1-T_2) \\ +x(E_f+E_3)(T_2-T_1)+xhF-E_f+zE_p\big] \tag{7.21}$$

$$F_{b3} = y(1-y)\big[gx(1-T_1)+g(1-x)(1-T_2)+E_p\big] \tag{7.22}$$

$$F_{d1} = 0 \tag{7.23}$$

$$F_{d2} = z(1-z)\big[V_1-g+E_5+L\times k\times P-V_2-m\times P \\ \times L+C_e+V_2\big] \tag{7.24}$$

$$F_{d3} = (1 - 2z)[y(V_1 - g + E_5 + L \times k \times P - V_2 - m \times P \times L)$$
$$+ (1 - y)(-C_e - V_2)] \tag{7.25}$$

将前述 $N_1(0,0,0)$、$N_2(0,1,0)$ 等均衡点分别代入雅可比矩阵，并计算矩阵的行列式和迹，结果如表 7 - 4 所示：

表 7 - 4 　　　　　　　　　　　雅可比矩阵的行列式和迹

| 均衡点 | 行列式的值 | 迹 |
|---|---|---|
| $N_1(0,0,0)$ | $-FE_f(C_e + V_2)$ | $-(F + E_f + C_e + V_2)$ |
| $N_2(0,1,0)$ | $(E_1 - E_2 + 2LPS - F)E_f[V_1 - g + E_5$ $+ L \times k \times P - V_2 - m \times P \times L]$ | $E_1 - E_2 + (1 + S - m)LP - F$ $+ E_f + V_1 - g + E_5 - V_2$ |
| $N_3(0,0,1)$ | $(-F - c - r - LP)[g(1 - T_2) - E_f$ $+ E_p](C_e + V_2)$ | $-F - c - r - LP + g(1 - T_2) - E_f$ $+ E_p + C_e + V_2$ |
| $N_4(1,0,0)$ | $F[(E_f + E_3)(T_2 - T_1) + hF$ $- E_f](-C_e - V_2)$ | $F + (E_f + E_3)(T_2 - T_1)$ $+ hF - E_f - C_e - V_2$ |
| $N_5(1,1,0)$ | $(E_1 - E_2 + 2LPS - F)[(E_f + E_3)(T_2 - T_1)$ $+ hF - E_f][V_1 - g + E_5 + L \times k \times P$ $- V_2 - m \times P \times L]$ | $E_1 - E_2 + (1 + S - m)LP - F$ $- (E_f + E_3)(T_2 - T_1) - hF + E_f$ $+ V_1 - g + E_5 - V_2$ |
| $N_6(1,0,1)$ | $(F + c + r + LP)[g(1 - T_2)$ $+ (E_f + E_3)(T_2 - T_1) + hF - E_f$ $+ E_p](C_e + V_2)$ | $(1 + h)F + c + r + LP + g(1 - T_2)$ $+ (E_f + E_3)(T_2 - T_1) - E_f + E_p + C_e + V_2$ |
| $N_7(0,1,1)$ | $[E_1 - E_2 - LPk - F - c - r - LP][g(1$ $- T_2) - E_f + E_p][V_1 - g + E_5$ $+ L \times k \times P - V_2 - m \times P \times L]$ | $E_1 - E_2 + LP(S + k + m - 3)$ $- F - c - r + g(2 - T_2) - E_f$ $+ E_p - V_1 - E_5 + V_2$ |
| $N_8(1,1,1)$ | $-[E_1 - E_2 - LPk - F - c - r - LP][g(1$ $- T_1) + g(1 - T_2) + (E_f + E_3)(T_2 - T_1)$ $+ hF - E_f + E_p][V_1 - g + E_5 + L$ $\times k \times P - V_2 - m \times P \times L]$ | $-[E_1 - E_2 + LP(1 - m) - F - c - r - LP$ $+ g(1 - T_1 - T_2) + (E_f + E_3)(T_2$ $- T_1) + hF - E_f + E_p + V_1 + E_5 - V_2]$ |

根据政府、保险公司、消费者三主体策略系统雅可比矩阵的行列式和迹进一步对策略均衡点的进行稳定性分析，结果如表 7 - 5 所示：

表 7 - 5　　　　　　　　　　复制动态系统均衡点渐进稳定性结果

| 均衡点 | 特征值 | 正负符号 | 稳定性 |
|---|---|---|---|
| $N_1(0,0,0)$ | $-F, -E_f, -C_e - V_2$ | $(-, -, -)$ | ESS |
| $N_2(0,1,0)$ | $E_1 - E_2 + LP(S + k) - F, E_f, V_1 - g + E_5$ $+ L \times k \times P - V_2 - m \times P \times L$ | $(+, +, -)$ | 不稳定 |
| $N_3(0,0,1)$ | $-F - c - r - LP, g(1 - T_2)$ $-E_f + E_p, C_e + V_2$ | $(-, u, +)$ | 不稳定 |
| $N_4(1,0,0)$ | $F, (E_f + E_3)(T_2 - T_1)$ $+ hF - E_f, -C_e - V_2$ | $(+, +, -)$ | 不稳定 |
| $N_5(1,1,0)$ | $-[E_1 - E_2 + LP(S + k) - F], -[(E_f$ $+ E_3)(T_2 - T_1) + hF - E_f], V_1 - g + E_5$ $+ L \times k \times P - V_2 - m \times P \times L$ | $(-, -, u)$ | 满足条件 $\theta_1$ 时稳定 |
| $N_6(1,0,1)$ | $F + c + r + LP, g(1 - T_1)$ $+ (E_f + E_3)(T_2 - T_1)$ $+ hF - E_f + E_p, C_e + V_2$ | $(+, +, +)$ | 不稳定 |
| $N_7(0,1,1)$ | $E_1 - E_2 + LP(k - 1) - F - c - r - LP,$ $g(1 - T_2) - E_f + E_p, -[V_1 - g + E_5 +$ $L \times k \times P - V_2 - m \times P \times L]$ | $(-, u, u)$ | 满足条件 $\theta_2$ 时稳定 |
| $N_8(1,1,1)$ | $-[E_1 - E_2 - LP(1 - k) - F - c - r - LP],$ $-[g(1 - T_1) + (E_f + E_3)(T_2 - T_1) +$ $hF - E_f + E_p], -[V_1 - g + E_5 + L \times$ $k \times P - V_2 - m \times P \times L]$ | $(+, -, -)$ | 不稳定 |

注:只有当均衡点所对应的特征值均为负值时稳定。其中,表中 $u$ 表示正负符号不确定;ESS 表示演化稳定策略;其中有需要判断的点,即若条件 $\theta_1$、$\theta_2$ 不满足,则为不稳定点。条件 $\theta_1$ 为:$V_1 + E_5 + L \times k \times P < V_2 + m \times P \times L + g$;条件 $\theta_2$ 为:$g(1 - T_2) + E_p < E_f, g + V_2 + m \times P \times L < V_1 + E_5 + L \times k \times P$。

由表 7 - 5 可知，政府、保险公司、消费者关于巨灾保险的策略组合中存在三种可能的稳定组合：$N_1(0,0,0)$，$N_5(1,1,0)$，$N_7(0,1,1)$。其中，策略组合 $N_1(0,0,0)$ 表明政府不颁布相应的政策激励巨灾保险发展，保险公司不经营巨灾保险，消费者选择不投保巨灾保险，基于这样的策略组合，三主体的博弈达到均衡状态。策略组合 $N_5(1,1,0)$ 表明政府采取激励巨灾保险发展的策略，保险公司选择经营巨灾保险，消费者不投保巨灾保险时策略组合是稳定的。进一步分析发现，这一策略组合稳定的条件是投保巨灾保险的消费者在去除保费后的效益低于不投保巨灾保险的消费者获得的经济效益，即在巨灾风险发生后，未投保巨灾保险的消费者从政府救助中得到更多的经济效益，这一结果不利于保险市场发展，会降低消费者对巨灾保险的需求，符合现实情况。但是从 $N_5(1,1,0)$ 这一策略组合整体角度看是不符合实际的，因为只有政府着力建设巨灾风险应急管理体系、推动巨灾保险发展以及保险公司得到政策支持经营巨灾保险，而没有消费者对巨灾保险这一商品进行消费，巨灾保险市场是不可能健康发展的。$N_7(0,1,1)$ 表示政府不采取激励巨灾保险发展的策略，保险公司选择经营巨灾保险，消费者投保巨灾保险时策略组合是稳定的。当巨灾保险市场主要涉及保险公司和消费者两个主体，消费者有投保巨灾保险的需求，保险公司依据市场需求经营巨灾保险，市场得到稳定发展，满足各主体的需求，这与前面对消费者关于巨灾保险的策略稳定性的分析一致。

## 7.3 三方演化博弈的数值仿真

为进一步探讨各个参数变化对政府、保险公司、消费者关于巨灾保险策略选择以及各主体策略选择影响其他主体策略的作用机理，基于实际情况满足假设条件 $0 < m < k < S < 1$，考虑实际情况设定数值，采用 Matlab 软件对上述的演化博弈模型进行数值模拟分析。本书对此模型的参数初始值见表 7 – 6。

表 7 − 6 模型假设中参数的说明

| 参数 | 参数符号说明 | 设定数值 |
|---|---|---|
| $x$ | 政府采取激励措施发展巨灾保险的概率 | 0.5 |
| $y$ | 保险公司经营巨灾保险的概率 | 0.5 |
| $z$ | 消费者投保巨灾保险的概率 | 0.5 |
| $E_1$ | 政府采取激励措施下政府获得的经济效益 | 20 |
| $F$ | 政府采取激励措施下建立巨灾保险基金投入 | 15 |
| $r$ | 对投保巨灾保险的消费者提供保险补贴 | 10 |
| $c$ | 政府灾后的救助投入 | 18 |
| $S$ | 政府承担的风险损失比例 | 0.85 |
| $E_2$ | 无激励措施下政府获得的经济效益 | 10 |
| $E_3$ | 激励政策下保险公司经营巨灾保险获得的经济效益 | 5 |
| $C_1$ | 激励政策下保险公司经营巨灾保险付出的成本 | 3 |
| $T_1$ | 激励政策下保险公司经营巨灾保险获得的税收优惠比例 | 0.15 |
| $E_4$ | 保险公司不经营巨灾保险获得的经济效益 | 3 |
| $C_2$ | 保险公司不经营巨灾保险付出的成本 | 0.8 |
| $T_2$ | 无政府激励下保险公司税收比例 | 0.2 |
| $g$ | 消费者在巨灾保险方面投入的保费 | 3 |
| $E_5$ | 消费者投保巨灾保险获得的比不投保巨灾保险的消费者多的正向效益 | 0.5 |
| $E_6$ | 消费者没有投保巨灾保险获得的经济效益 | 20 |
| $L$ | 巨灾风险损失 | 500 |
| $P$ | 巨灾风险发生的概率 | 0.01 |
| $C_i$ | 消费者自行对巨灾风险付出的成本 | 0.2 |
| $C_e$ | 消费者有投保巨灾保险的意愿但巨灾保险较少或不满足要求而额外付出的搜索信息成本 | 0.08 |
| $E_f$ | 保险公司的固定收益 | 2 |
| $E_p$ | 不经营巨灾保险的保险公司失去的潜在收益 | 10 |
| $h$ | 政府建立巨灾保险基金对保险公司的支持力度 | 0.8 |
| $m$ | 不投保巨灾保险的消费者从经营巨灾保险的保险公司得到的溢出效应系数 | 0.05 |
| $k$ | 经营巨灾保险的保险公司对风险损失的赔付比例 | 0.1 |

### 7.3.1 政府、保险公司和消费者关于巨灾保险策略的演化影响

1. 政府、保险公司和消费者参与巨灾保险博弈的概率同步变化

图7-4和图7-5是政府、保险公司、消费者三方关于巨灾保险各自采取策略的概率同时变化对其他主体策略影响的结果。从图7-4中可得，当政府选择激励巨灾保险发展的概率、保险公司有意愿经营巨灾保险的概率以及消费者选择投保巨灾保险的概率在0.5以下时，政府激励巨灾保险发展的概率趋近于1的速度始终快于保险公司、消费者做出的策略选择，且在政府激励巨灾保险发展的概率和保险公司经营巨灾保险的概率较低时，消费者选择不投保巨灾保险。实证数据仿真结果表明：政府对巨灾保险的发展没有明确的政策支持意愿，未能给予市场良好的发展环境，保险公司得不到相应的政策激励效益，经营巨灾保险得不偿失，消费者投保巨灾保险得不到政策补贴，找不到品质优良的保险公司，消费者会减少巨灾保险的需求。但是政府为更好地应对巨灾风险、建立风险应急管理体系、发展巨灾保险，还是会引导保险公司和消费者关注巨灾保险。

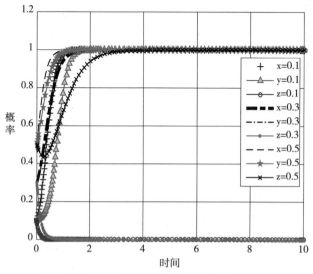

图7-4 概率 x、y、z 同时变化影响结果1

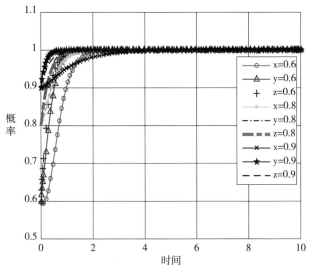

**图 7 - 5　概率 x、y、z 同时变化影响结果 2**

从图 7 - 5 中可知，当政府选择激励巨灾保险发展的概率、保险公司有意愿经营巨灾保险的概率以及消费者选择投保巨灾保险的概率在 0.5以上时，保险公司采取经营巨灾保险策略的概率、消费者选择投保巨灾保险的概率趋近于 1 的速度超过政府，且在概率为 0.6 和 0.8 时，消费者采取投保巨灾保险策略的概率趋近于 1 的速度快于保险公司，系统都最终收敛于 (1,1,1)。实证数据仿真结果表明：随着政府采取激励措施发展巨灾保险的概率增长，会增加政府对巨灾保险的重视程度，政府明确建立巨灾保险制度的政策和措施，保险公司在政策支持下经营巨灾保险，消费者基于政策补贴选择投保巨灾保险。积极的政策效应为市场发展提供优质的环境，需求和供给达到平衡，资源充分得到利用，社会系统稳定。在三者关于巨灾保险采取积极策略的概率都较大时，政策鼓励下的保险公司、消费者的参与意愿更大。

**2. 政府参与巨灾保险博弈的概率变化**

图 7 - 6 和图 7 - 7 是在其他条件不变的情况下，政府采取激励措施发展巨灾保险概率 x 的变化对三方策略演化博弈结果的影响。从图 7 - 6

中可以看出，在政府对发展巨灾保险的政策支持力度不足时，保险公司经营巨灾保险的概率y趋向于1的速度是慢于x的，消费者在前期一段时间内有选择不投保巨灾保险的趋势，之后快速上升趋向于1。随着政府采取激励措施发展巨灾保险概率x的增大，保险公司表现出更强的经营巨灾保险的意愿，消费者也更愿意投保巨灾保险。实证数据仿真结果表明：当市场中的保险公司和消费者都有参与巨灾保险意愿时，虽然政府关于巨灾保险的政策还不明晰，但是随着政府对巨灾保险的政策支持力度加大，利好政策激励下规范市场中的巨灾保险交易，保险公司凭借政策扶持发展自身业务，发挥保险的社会保障作用，同时巨灾保险的良好发展可以降低财政支出。在政府的参与下，消费者能够从巨灾保险这一公共产品获得更高的效益和人身财产保障，进而正向影响下一次关于巨灾保险的决策。

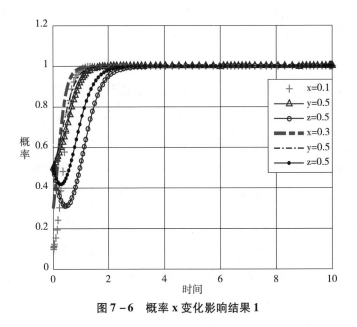

图7-6　概率x变化影响结果1

从图7-7中可以看出，随着政府采取激励措施发展巨灾保险概率x的增大，保险公司经营巨灾保险的概率y趋向于1的速度加快。同时，消费者投保巨灾保险的概率z趋向于平稳的速度也随着x的增大而加快。

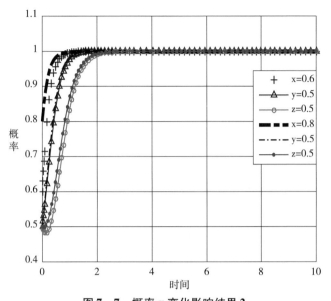

图 7 - 7　概率 x 变化影响结果 2

实证数据仿真结果表明：政府对巨灾保险有明显政策倾向和发展规划，充分调动巨灾保险市场各主体的积极性，加强市场资源的优化配置，减轻市场在经营巨灾保险过程中出现市场失灵带来的负面效应，这些积极的作用都正向影响了保险公司和消费者对巨灾保险的策略选择，激发消费者对保险的需求和保险市场的保险供给，为广大消费者带来更高质量的保险保障，同时，完善的市场制度和明确的政策扶持为保险公司发展提供有利的外部条件。

3. 保险公司参与巨灾保险博弈的概率变化

图 7 - 8 和图 7 - 9 是在其他条件不变的情况下，保险公司采取经营巨灾保险概率 y 的变化对三方策略演化博弈影响的结果。从图 7 - 8 中可以看出，在政府对发展巨灾保险的政策支持力度和消费者对巨灾保险的需求不变时，随着保险公司经营巨灾保险的概率 y 的增大，政府发展巨灾保险的概率 x 趋向于 1 的速度加快，消费者在前期一段时间内有选择不投保巨灾保险的趋势，之后快速上升趋向于 1。从图 7 - 9 中可以看出，

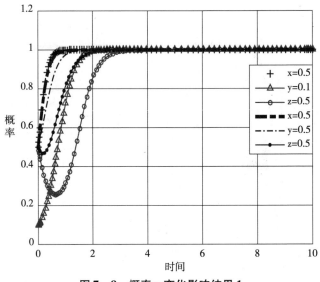

图 7 - 8　概率 y 变化影响结果 1

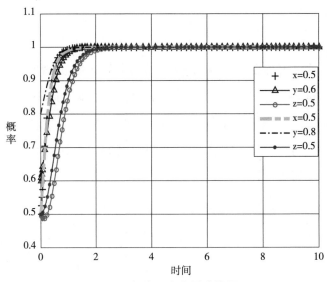

图 7 - 9　概率 y 变化影响结果 2

保险公司经营巨灾保险的概率 y 增大，政府采取激励政策措施发展巨灾保险概率 x 趋向于 1 的速度加快。同时，消费者投保巨灾保险的概率 z 趋向于平稳的速度也随着 y 的增大而加快，系统都最终收敛于 (1,1,1)。

保险公司经营巨灾保险的意愿增大，政府更倾向于政策支持保险公司发展，消费者也更愿意投保巨灾保险。

实证数据仿真结果表明：当政府对市场中的保险公司有一定的政策扶持和消费者有参与巨灾保险意愿时，保险公司可以选择经营巨灾保险，其经营巨灾保险的概率增大，政府基于构建高效的巨灾风险应急管理体系框架的目标，也会加大对巨灾保险的政策支持力度，这预示着巨灾保险将有巨大的市场潜力和广阔的市场前景，政策扶持势必会给予保险公司发展自身业务、提升服务水平便利，以防范潜在风险，发挥保险的社会保障作用。巨灾保险得到发展，保险公司能够提供优质的产品和服务，消费者能够从巨灾保险中获得可靠的人身财产安全保障，消费者信赖保险公司的产品，反过来对保险公司的声誉形成品牌效应，进而正向影响更多消费者关于巨灾保险的决策。

### 7.3.2　政府行为对三方策略演化的影响

1. 政府巨灾保险基金投入对三方演化行为的影响

图 7 - 10 是在其他条件不变的情况下，政府采取激励措施下建立巨灾保险基金投入 F 的变化对三方策略演化博弈影响的结果。从图 7 - 10 中可以看出，政府对发展巨灾保险的政策支持上以设立巨灾保险基金为代表，随着巨灾保险基金投入 F 的增大，保险公司经营巨灾保险的概率 y 趋向于 1 的速度加快，消费者在前期一段时间内有选择不投保巨灾保险的趋势，之后也快速上升趋向于 1，系统都最终收敛于 (1,1,1)。

实证数据仿真结果表明：当政府对市场中的保险公司有一定的政策扶持，即建立巨灾保险基金并增加基金投入的时候，保险公司选择经营巨灾保险符合政府构建高效的巨灾风险应急管理体系框架的目标。巨灾保险基金以政府为主导、保险公司重点参与的模式运行，支持巨灾保险市场的有效运作。巨灾保险基金投入 F 的增大，说明政策支持力度加大，有利于巨灾保险制度的建立和发展，政府提供法律和政策支持是必要的，但是仅靠这些是不够的，巨灾保险基金的建立可以帮助保险公司适应法律和政策的改变，以解决保险公司经营巨灾保险过程中的问题，提高经营巨灾保险的质量和水平，发挥好基金的中介和辅导作用。巨灾保险基金投入增大，保险公司获得的政策扶持效果得以体现，保险公司可以依据优质的外部条件发展巨灾保险业务，提升产品和服务水平。正因为政策支持力度的增加，保险公司才更有可能选择经营巨灾保险。虽然设立巨灾保险基金对于消费者来说并没有直接影响，但是建立基金传递给消费者的信息是巨灾保险获得政策扶持，保险公司能够提供比之以往更多、更优质的产品和服务，巨灾保险基金中有政府参与，政府干预很大程度上可以降低市场经营保险的负外部性对处于信息不对称弱势方的消费者的经济效益的影响，消费者权益得到保障，会选择了解甚至购买保险公司的产品，会正向影响消费者关于巨灾保险的决策。

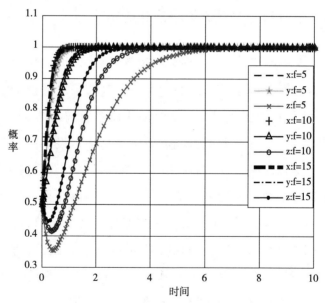

**图 7 - 10　政府巨灾保险基金投入变化策略演化结果**

## 2. 政府救灾投入对三方演化行为的影响

图 7 - 11 是在其他条件不变的情况下，政府救灾投入 c 的变化对三方

策略演化博弈影响的结果。从图 7 – 11 中可以看出，随着政府救灾投入 c 的增大，保险公司经营巨灾保险的概率 y 趋向于 1 的速度变慢，消费者在一开始选择投保巨灾保险，之后采取不投保巨灾保险的策略概率 z 快速下降趋向于 0。实证数据仿真结果表明：当政府对市场中的保险公司有一定的政策扶持、部分保险公司经营巨灾保险、消费者选择投保巨灾保险时，巨灾保险制度建立初期，在政府救灾投入较低的情况下，保险公司仍旧会经营巨灾保险，消费者也会投保巨灾保险。但是随着政府救灾投入的增加，对未投保巨灾保险的消费者有极大的经济溢出效应，同时不利于消费者树立以保险保障安全的意识，不利于巨灾保险的推广，从而降低消费者对巨灾保险的需求。上述负面信息会影响保险公司选择经营巨灾保险的意愿，虽然有政策支持，但是巨灾保险制度没有得到发展，仅靠政府提供法律和政策支持是不够的，巨灾保险需求减少势必会影响巨灾保险的经营。

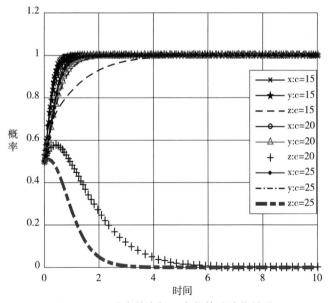

图 7 – 11　政府救灾投入变化策略演化结果

3. 政府给予投保巨灾保险消费者补贴对三方演化行为的影响

图 7 – 12 是在其他条件不变的情况下，政府对投保巨灾保险的消费者提供保险补贴 r 的变化对三方策略演化博弈影响的结果。从图 7 – 12 中可以看出，随着政府对投保巨灾保险的消费者提供保险补贴 r 的增大，保险公司经营巨灾保险的概率 y 趋向于 1 的速度变快，消费者选择投保巨灾保险的概率 z 趋向于 1 的速度变快且比 x、y 趋向于 1 的速度快，同时也比消费者之前的策略选择概率更快趋向于 1。实证数据仿真结果表明：当政府对市场中的保险公司有一定的政策扶持、部分保险公司经营巨灾保险、消费者选择投保巨灾保险的时候，政府对投保巨灾保险的消费者提供保险补贴的力度加大，受益最多的是消费者群体，间接影响保险公司。一方面，现实生活中巨灾风险的存在，以及环境变化对社会的影响增大，地震、洪水等自然灾害以及突发公共卫生事件风险发生的频率增加。基于安全保障的考虑，消费者会选择投保巨灾保险。在政府投保巨灾保险的消费者提供保险补贴增加的情况下，消费者相对支出减少而获得的经济效益会更高，会进一步正向刺激消费者的巨灾保险投保需求，有利于消费者树立以保险保障安全的意识，利于巨灾保险的推广。另一方面，政府为投保巨灾保险的消费者提供保险补贴对保险公司有间接影响。在市场中获得补贴的消费者会增大投保巨灾保险的可能性，有一定的潜在需求，预示着广阔的市场发展前景，正向影响保险公司选择经营巨灾保险的意愿。

### 7.3.3 保险公司行为对三方策略演化的影响

图 7 – 13 是在其他条件不变的情况下，保险公司经营巨灾保险付出的成本 $c_1$ 的变化对三方策略演化博弈影响的结果。从图 7 – 13 中可以看出，随着保险公司经营巨灾保险付出的成本 $c_1$ 的增大，保险公司采取不经营巨灾保险的概率 y 趋向于 0 的速度变快，消费者选择投保巨灾保险的概率 z 趋向于 1 的速度变慢，同时也比消费者之前的策略选择概率更慢

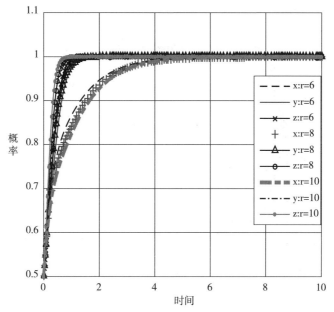

**图 7 - 12   政府保险补贴变化策略演化结果**

趋向于 1，政府发展巨灾保险的概率 x 趋向于 1 的速度减慢。实证数据仿
真结果表明：当政府对市场中的保险公司有一定的政策扶持时，巨灾保
险制度的建立处于初期探索阶段，保险公司经营巨灾保险的外部条件还
不成熟，未能很好地适应政策，保险公司在经营巨灾保险的过程中可能
会产生过多的额外成本，增加经营的负担。随着经营巨灾保险成本的增
长，保险公司的经营意愿受到很大的负面影响，经营压力增大，不利于
巨灾保险的发展。这就要求政府在对经营巨灾保险的保险公司进行政策
扶持时，注重加强巨灾保险制度管理和对保险公司的引导。

### 7.3.4   消费者行为对三方策略演化的影响

图 7 - 14 是在其他条件不变的情况下，消费者自己面对巨灾风险付
出的成本 $c_i$ 的变化对三方策略演化博弈影响的结果。从图 7 - 14 中可以
看出，随着消费者自己面对巨灾保险付出的成本 $c_i$ 的增大，保险公司经
营巨灾保险的概率 y 趋向于 0 的速度变慢，消费者在面对巨灾保险付出

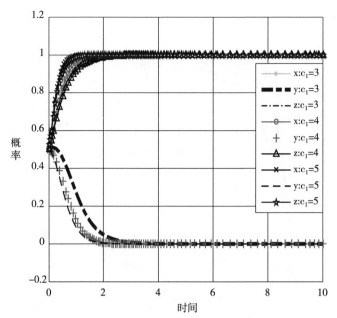

**图 7 - 13　保险公司经营保险成本变化策略演化结果**

的成本较低时不选择投保巨灾保险的概率 z 趋向于 0，之后付出的成本增大，消费者选择投保巨灾保险的概率 z 趋向于 1 的速度变快且比 x、y 趋向于 1 的速度快，同时也比消费者之前的策略选择概率更快趋向于 1。实证数据仿真结果表明：巨灾风险是客观存在的，在巨灾保险制度尚未建立时，市场中的巨灾保险供给较少，多数消费者选择自己应对巨灾风险。当风险发生且消费者面对风险付出的成本较低时，并不会刺激消费者对巨灾保险的需求。而当巨灾风险带来的损失较为严重，影响范围广、影响时间长时，消费者若没有投保巨灾保险，则应对风险付出的成本高昂，迫使其选择投保巨灾保险这一对自身有利的策略，从而形成一定规模的巨灾保险需求。同时政府对受灾地区进行救助，政府基于建设高效的应急管理体系的目标和减轻灾后救助投入过多导致的财政压力的追求，会选择对市场中的保险公司进行政策扶持以发展巨灾保险，增加应对巨灾风险的渠道和方式，获得更多的应对风险的资金用以防灾抗灾救灾。保险公司在消费者应对巨灾风险时，可能会基于公司自身的声誉进行捐助，帮助受灾消费者渡过难关。所以，有必要加快建立巨灾保险制度，发展适合国情的巨灾保险，并给予消费者购买巨灾保险的补贴，刺激消费者对巨灾保险的需求，加大政策支持力度和加强管理，以保障保险公司能够适应政策变化，经营巨灾保险。

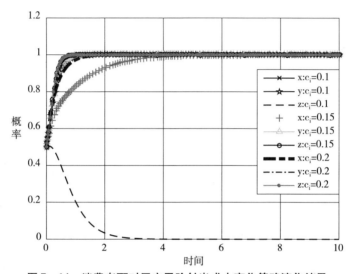

图 7 - 14　消费者面对巨灾风险付出成本变化策略演化结果

# 第 8 章

# 构建突发公共卫生事件巨灾融资机制

自从 "5·12" 汶川地震事件之后，我国十余年来一直在探索巨灾保险制度。巨灾风险具有灾害发生范围广、损失规模大、风险发生偶然性高等特征，如何运用市场化手段管理巨灾风险是现代社会的一项重要课题。与一般风险不同，巨灾风险表现为个体风险之间高度的关联，从而形成一损俱损的局面。巨灾基于风险所产生的巨额损失的特征，决定巨灾风险分担方式和融资机制是巨灾风险管理的核心。巨灾风险带来的高额损失以及广泛的波及范围，决定其损失需要多方共同承担。在我国应建立市场、社会、政府等多元的巨灾风险分担方式。但是目前我国巨灾风险赔付不理想，主要以政府救助、社会捐助为主，市场化巨灾保险不足总体赔付额度的 3%，与国际上接近 50% 的比率具有较大的差距。[①]

从全球保险业来看，新冠肺炎疫情对商业保险机构的健康保险产品产生了强大冲击，巨额治疗和检测费用超过健康保险原有定价预期，增加了赔付难度。世界各国的健康保险模式各具特色，新冠肺炎疫情程度不同，因此其对健康保险体系的冲击也不尽相同。从国际上看，以美国为例，该国的健康保险体系以团体商业医疗保险为主体，社会医疗保险为补充（主要覆盖老年人和穷人）。在此次新冠肺炎疫情期间，美国采取

---

① 中华网. 保险公司不愿涉及自然灾害赔付率仅 3% 巨灾保险供给缺口怎么补 [EB/OL]. https://finance.china.com/jrxw/13000288/20170814/31089596_all.html, 2017 – 08 – 14.

的隔离措施较为宽松，虽然政府对新冠肺炎疫情出台了一定条件下免费检测的保障措施，但是并没有覆盖全民。由于美国健康保险存在普遍免赔额和免赔率，部分人群不具备投保资格或担心保费会上涨，因此选择轻症自愈行为。[①] 与美国政府做法不同，日本政府为了避免医疗经济负担而导致疫情进一步扩散，将新冠肺炎疫情确定为国家负担治疗费用的传染病类型。这类采用国家立法形式规范特定传染病国家保障治疗费用的医疗体制，一定程度消除了居民就医和检查的经济顾虑，对控制疫情的进一步扩散，防止巨灾损失进一步增加有积极影响。[②]

我国的健康保险体系是以社会医疗保险为主体、商业医疗保险为补充。面对2020年新冠肺炎疫情，我国政府采取超常规隔离和经济暂停措施，最大限度控制新冠肺炎疫情的扩散，同时采用全部财政兜底保障全国人民的生命安全，即新冠肺炎相关的医疗费用和流行地区的检测费用全部由公共财政承担。这种政策对商业保险机构的健康保险体系冲击较小，不仅免除了新冠患者和潜在人群的经济负担，而且有效降低了传染率和流行范围。

从上述案例中不难看到，无论何种方式化解突发性公共卫生事件的全额医疗费用补偿，政府和市场均起着不可替代的作用。在化解突发性公共卫生事件的损失过程中，不难发现，资金是保障巨灾风险管理的核心要素。新冠肺炎疫情之后的救助与重建存在"资源性缺口"与"流动性缺口"的资金问题，由此引发严肃的话题——人类该如何面对巨灾带来的巨额损失？什么样的风险补偿形式更适合于巨灾？用于赈灾的大规模金从何而来？随着突发性公共卫生事件的增多，建立多层巨灾风险融资体系的要求变得越来越紧迫。

巨灾融资分为灾前融资机制和灾后融资机制。灾前融资机制是指巨

---

① 人民日报. 重磅文章! 新冠肺炎疫情凸显"美式人权"危机［EB/OL］. https：//baijiahao. baidu. com/s?id=1669187572717050762&wfr＝spider&for＝pc，2020－06－11.

② 环球时报. 新冠肺炎疫情增长曲线平缓，日本真的防住了吗？［EB/OL］. https：//baijiahao. baidu. com/s?id=1661247511130463205&wfr＝spider&for＝pc，2020－03－16.

灾风险转移机制，通过预先安排的巨灾风险财务分担机制，即预先安排的契约、基金等措施将风险转移出去，一旦发生巨灾损失，可以通过这些机制迅速得到补偿。诸如保险、再保险、巨灾债券等都是典型的灾前融资机制。灾后融资机制是指临时的应急措施，诸如紧急财政拨款、改变预算用途、特别税收等。

突发性公共卫生事件引发的巨灾风险实质是"准公共产品"，为此应对其造成的损失，必须建立以政府主导、市场化运作的巨灾风险基金制度，让社会参与灾难救助。比如成立巨灾风险基金，加大巨灾风险信贷、债券、期权等多种金融工具的使用，建立巨灾保险的再保险体系，并成立巨灾保险风险准备金。

## 8.1　或有资本在巨灾融资机制中的作用

现代金融理论和金融工具的创新推动 ART（非传统风险转移）产品发展，或有资本（contingent capital）是 ART 产品中的一类实用性极强的风险融资方案。

辛比（Shimpi，2001）将资本与风险相结合，构建整合性风险管理框架，即将表内资本、表外资本如何应对留存风险及转移风险纳入同一框架，为企业风险融资提供新的视角。具体内容包括：第一，企业资本通常来自所有者权益和各种不同求偿顺序的债务，属于表内资本，是企业应对留存风险的主要来源。第二，企业通过发行保险联结证券（巨灾债券）获得表内资本，不仅可应对留存风险，还可转移风险。第三，企业获得表外资本主要有两个渠道，一个是购买保险或者保险衍生品的方式获得表外资本，同时亦可转移风险；另一个是购买获取资金权利，即或有资本，用以应对留存风险，但不能转移风险。这里的或有资本是指企业事先与金融中介机构签订合约，当企业遇到特定事件或危急事件并达到触发条件，以发行权益证券、债务证券、混合型证券等方式获得资金，又称应急资本或承诺资本。或有资本具有三个显著特性：第一，期权特性。企业买进一项融资契约卖权，即在特定期间，企业以固定价格卖出企业证券的权利。第二，或有特性。该类资本在企业未取得之前属于资本负债表外项目。第三，非风险转移特性。企业不能依此转移风险，不能平滑经营绩效。企业使用或有资本的目的在于一旦遇到危机事件，企业能及时获得比资本市场或银行贷款更便宜的资本，使得企业在危机时刻仍然能继续运营，实现资本高效配置。

或有资本依据发行的标的与提供的形式主要分为信用融资（line of credit）、或有盈余票据（contingent surplus notes）、巨灾权益卖权（catastrophe equity put）三种。一般而言，大多数或有资本证券发行人均是保险公司、再保险公司、非银行金融机构。这类组织需要强大的资本做后盾以应对超常的巨额损失。信用融资是指企业作为资金需求者向签约的金融机构约定，在发生危机事件时，以事先约定的条件让金融机构提供一笔贷款以化解危机。若企业使用此贷款，则视为其负债，企业的财务杠杆随之增加。或有盈余票据属于或有附属债权合约，当巨灾发生时，保险公司可以以事先约定的利率发行票据以获得融资。该类票据的本息受到保险公司盈余水平的约束，当公司的盈余水平达到条件时才进行兑付，与股份公司盈余达到一定程度才进行股利发放类似。另外，该类票据的本金与利息额支付顺序排在保单持有人、有担保的债权人之后。或有盈余票据发行的流程大致分为四个阶段：第一阶段是保险公司与金融中介机构（投资银行或信托机构）签订或有盈余票据发行契约，并支付权利金。第二阶段是投资银行发起设立信托基金，通过发行信托票据或收益凭证，向投资人募集资金。所募集的资金投资于短期、低风险的政府债券。第三阶段是巨灾出现之后，保险公司向投资银行发行或有盈余票据。信托基金则出售短期政府债券，以现金购买保险公司的或有盈余票据。第四阶段是票据到期日，保险公司赎回或有盈余票据，投资银行用盈余票据收入赎回信托票据或受益凭证。在票据整个持有期，投资人以所持有的信托票据或受益凭证领取固定利息并最终收回本金。巨灾权益卖权是以保险公司股票为交易标的的一种诱发式期权，保险公司在不利事件发生以后，依据事先约定的执行价格将其股票或其他权益出售的权利，可规避因巨灾赔偿而引发的公司股票价值下降的风险。巨灾权益卖权的运作流程可分为四个步骤：第一步是保险公司通过投资银行向投资人支付权利金，购买卖权，约定在巨灾发生时以特定价格发行股票给投资人；第二步是为防范投资人的信用风险，投资银行会要求投资人缴纳足额或部分资金为保证金，以确保投资人执行约定契约，若投资人信用评级较高则可免缴保证金。第三步是巨灾发生之后，保险公司按实现约定的价格发行股票，若投资人不履约，则保险公司没收其保证金。为保护投资人利益，卖权契约一般附属盈余保护条款，当巨灾损失使保险公司盈余下降至一定程度，且公司无法持续经营，投资人可不购买保险公司的股票。第四步是投资人购进股票之后将有持有期的约束，此规定在于防止合约到期后投资人出售保险公司股票进而影响其股权控制。同时投资人持有的股票一般为优先股，只有股息而不具有表决权。一旦投资期限结束，投资人或选择在市场出售股票，或将股票卖回给保险公司。

20世纪90年代，巨灾风险融资最普遍的或有资本形式是信用融资。这种融资机制多用于与银行联系密切且信用较好的企业。信用融资的订约费用较低，但契约涉及的条件和内容非常严格，对企业信用要求很高。通常只有当融资者提供一个不受巨灾风险事件影响的还款保证时才与企业签约信用融资。当前由于监管需要，信用融资常选择备付联合贷款（stand - by syndicated loan）模式，一般作为政府或金融机构超额损失层的融资来源，因为其融资主体具有很高的信用评级，能够吸引众多银行参与备付联合贷款。或有资本交易市场建立的时间大约为1995年，美国首次发行或有票据和巨灾权益卖权。① 至今或有资本工具与巨灾债券、巨

---

① Suresh, Sundaresan, Zhenyu, et al. On the Design of Contingent Capital with a Market Trigger [J]. *Journal of Finance*, 2015, 70 (2): 881 - 920.

灾期货、巨灾期权相比，交易数量极为有限。由于或有资本发行人尽量避免股权稀释或违反已有债权契约协议，大多数或有资本工具发行均放到次级长期债务、混合债券或优先股的发行中。因此，当前或有资本的形式最多表现为或有可转换资本。或有资本在巨灾风险融资中具有举足轻重的地位，国际资本市场发行或有资本工具在技术上已经成熟，并且众多学者和实务界人士正在积极从事相关研发工作，这为我国巨灾风险融资提供了全新视角。

## 8.2　突发性公共卫生事件巨灾保险计划

与自然灾害及人为灾祸不同，突发性公共卫生事件具有以下特征：（1）成灾渐进性；（2）损失不确定性高；（3）间接损失大于直接损失；（4）对病毒的未知导致的恐惧和恐慌；（5）非物质损失巨大。突发性公共卫生事件带来的非物质损失是难以估量的。诸如：疾病对人们健康的影响；投资者信心的下降；数以千万计的中小企业停工与停产；无数学校停课等。基于上述特征，突发公共卫生事件的风险管理需分为事前、事中、事后三个阶段。事前分析是应加强对突发性公共卫生事件发生的风险因素进行分析，如人员流动、环境变化、生活习惯、工作及生产方式等，力争在源头减少事件发生的概率；事中分析是对突发性公共卫生事件发生期间对事件未来变化趋势做出及时的研判，以帮助社会和政府及时调整响应策略；事后分析是对突发性公共卫生事件造成的经济损失和社会影响进行全面评估，包括直接和间接的损失，物质和非物质的损失，这样有助于政府在突发性公共卫生事件发生之后总结经验与教训，对未来发生同类事件风险的防控提供参考。

目前，突发性公共卫生事件造成的损失是系统性风险，难以按照现行的保险制度实现风险转移。为此应尽快针对突发性公共卫生事件建立专项巨灾保险计划，充分发挥保险专业优势，完善现有社会治理结构中存在的风险保障机制不足的问题。另外，在条件成熟时推出与之相匹配的巨灾债券，提高全社会应对突发性公共卫生事件损失的能力。

## 8.3 巨灾风险金融应急机制

突发性公共卫生事件巨灾风险金融应急机制应是灾前融资与灾后融资机制的统一。灾前融资机制是指预先安排好的突发性公共卫生事件引发的巨灾风险的财务分摊机制。保险、再保险的补偿机制是灾前融资机制的基本措施。当前由于保险市场的局限性，商业保险分摊巨灾风险的能力非常有限，一般不能独立承担巨灾风险引发的大规模的经济损失。因此，发达国家的通常做法是采用巨灾保险基金及发行巨灾债券将突发性公共卫生事件引发的巨灾风险转移到范围广阔的资本市场。灾后融资机制指在巨灾风险发生之后采取的应急措施，如财政预算重新安排、特别税收、国际援助以及实行信贷计划等手段，属于风险自留的应急措施。按照国际惯例，一国在经济发展水平较低时，一般采用灾后融资机制。例如发展中国家在巨灾风险管理中，包括保险在内的金融部门更多地出现在灾后重建的环节，并没有将其纳入灾前预防过程。发达国家恰好与之相反，非常重视灾前预防环节，并将灾后融资机制有效地纳入灾前融资机制中进行整体运作。

关于突发性公共卫生事件的巨灾风险金融应急机制，建议设置一个专营巨灾风险管理的机构作为灾前融资机制的主体，然后将灾后融资纳入同一主体，建立政府支持，市场化运作的融资机制。

## 8.4 巨灾保险 PPP 融资机制

PPP 即政府和社会资本合作（public private partnership，PPP），是指政府把其承担的基础设施和公共服务产品的建设，通过长期契约转交给

社会资本。借助 PPP 制度安排，政府就可将巨灾风险管理的职能移交至
商业保险公司和再保险公司，减少政府灾后救助的财政支出。即使采用
了 PPP 模式分散政府承担的风险与减少政府的财政支出，政府仍应该在
巨灾保险市场上发挥主要引导作用，根据不同地区可能发生的风险类别
与程度，由政府出面调控巨灾保险的购买，降低巨灾保险的经营成本，
同时对商业保险公司提供适当的补贴、税收优惠等措施，加强融资环境
建设，提高 PPP 融资机制的效率，从而达到帕累托最优。

## 8.5　巨灾保险 ABS 融资机制

ABS 即资产证券化（asset – backed securities，ABS），是指以特定的
资产组合或特定现金流为支持，发行可交易证券。在保险市场，巨灾再
保险通过发行巨灾债券等金融手段，将保险市场的风险分散到资本市场。
由于资本市场的资金比保险市场充足，发生巨灾时资本市场往往比保险
市场有更大的承受能力，因此在重视灾前预防环节时，可以利用资本市
场的巨大空间，在遭遇巨灾后进行风险转移，即将巨灾保险进行组合证
券化，在当前我国刺激投资和消费的背景下，将巨灾保险证券以理财产
品的形式出售给资本市场的投资人，借助 ABS 机制，在发生巨灾时，保
险公司所面临的巨大风险就可以成功转移给资本市场，同时增加保险市
场和再保险市场的资本。我国应在传统的巨灾保险市场上开发新的证券
化机制，如巨灾期权、巨灾期货、巨灾互换等新型金融产品，为巨灾风
险和巨灾保险市场的建设提供有效的保障。

## 8.6　巨灾保险境外融资机制

许多发达国家已经构建了比较完善的巨灾风险融资的模式，如美国
的弹性强制的巨灾保险及其证券化模式、日本的限额内商业保险与政府

133

共同经营模式等，而由于当前我国资本市场和保险市场的不完善，在面临巨大灾害时，保险公司和再保险公司往往会面临巨额的赔付，同时，大批外资进入国内资本市场以寻求机会。在经济全球化的时代，我国应该引入外资，联合发起巨灾保险公司，以借鉴其他国家巨灾保险的经营模式经验，建立有中国特色的巨灾保险融资机制，同时，通过国际再保险的方式分散风险，减少国内保险公司和再保险公司的压力。

## 8.7　公私合作的多层次融资机制

为解决巨灾发生后政府与保险公司遇到的资金困境，应将政府、巨灾风险基金、国际援助机构、保险业等联系起来，通过多层次的融资模式，不断完善我国的巨灾保险市场和再保险市场，有效分散风险，拓展巨灾保险融资新途径（见图8-1）。

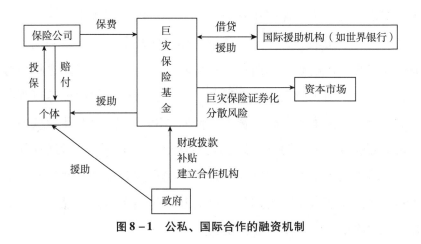

图8-1　公私、国际合作的融资机制

# 第 9 章

# 结论与政策建议

第 7 章对政府、保险公司与消费者策略演化博弈影响关系进行了数据仿真实证研究,并且检验了政府的救灾投入、巨灾保险基金投入、对投保巨灾保险消费者的补贴、保险公司经营巨灾保险的成本、消费者自身面对巨灾风险的成本变化对三方演化博弈主体的策略影响。本章根据前文所得出的实证检验结果进行总结和分析得出研究结论,并从结论发现实践中的问题进而提出相应的建议。

## 9.1 研究结论

本书将公共产品理论、外部性理论和博弈理论等作为理论基础,并结合以往相关研究文献以政府、保险公司、消费者为研究对象,通过运用 Matlab 软件对政府、保险公司与消费者三主体的关系进行演化博弈分析,探讨不同主体的策略变化对其他主体策略的影响,以研究在巨灾保险建设中政府、保险公司、消费者的不同作用。主要有以下研究结论:

1. 三主体参与巨灾保险博弈的概率变化与策略演化

经过实证研究得出,政府、保险公司、消费者三主体参与巨灾保险意愿大小的变化对其他主体以及自身策略演化有影响。三主体在巨灾保险博弈中有着不同作用,政府整体上对巨灾保险发展做出规划,保险公司经营巨灾保险，消费者依据自身情况和外部条件选择是否投保巨灾保险。政府采取激励措施发展巨灾保险的概率增长，政府重点关注巨灾保险发展，保险公司在明确的政策支持下经营巨灾保险，良好的外部条件和环境增强保险公司经营巨灾保险的意愿，巨灾保险将有巨大的市场潜力和广阔的市场前景，也吸引保险公司在政策支持下发展巨灾保险业务，正向影响保险公司关于巨灾保险的决策。巨灾保险得到发展，市场中的消费者也能够从巨灾保险获得可靠的人身财产安全保障，消费者和保险公司两者相辅相成，保险公司提供优质服务，消费者获得巨灾保险这一公共产品带来的经济效益，进而正向影响消费者关于巨灾保险的决策。

### 2. 政府行为与三方策略演化

政府巨灾保险基金投入、救灾投入、对投保巨灾保险消费者补贴的大小影响保险公司、消费者参与巨灾保险博弈的策略。

（1）巨灾保险基金以政府为主导、保险公司重点参与的模式运行，支持巨灾保险市场的有效运作。巨灾保险基金投入的增大，说明政策支持力度加大，有利于巨灾保险制度的建立和发展，政府提供法律和政策支持以及设立巨灾保险基金，帮助保险公司适应法律和政策的改变，保险公司可以依据优质的外部条件发展巨灾保险业务。政策支持力度的增加，正向影响保险公司关于巨灾保险的决策，保险公司更有可能选择经营巨灾保险。巨灾保险得到发展，保险公司能够提供比以往更多、更优质的产品和服务。同时，政府参与巨灾保险的管理，减弱市场经营巨灾保险的负外部性，给予信息不对称弱势方的消费者的经济效益以保障，消费者会选择了解甚至购买保险公司的产品，会正向影响消费者关于巨灾保险的决策。

（2）政府救灾投入的大小对消费者策略的影响最大，救灾投入越多，消费者越倾向于不投保巨灾保险。面对巨大的风险损失，只能由政府调拨财政支出填补，过多的救灾投入不利于巨灾保险的发展，打击保险公司经营巨灾保险的积极性。基于保险市场发展不足的现状，巨灾保险的投保率较低，消费者面临巨大风险只能寻求政府的救助，政府为保证经济社会稳定进行抗灾救险，救助投入越多，对未投保巨灾保险的消费者有越大的经济溢出效应，同时不利于消费者树立以保险保障安全的意识，不利于巨灾保险的推广，降低消费者对巨灾保险的需求，巨灾保险需求减少势必会影响巨灾保险的经营。

（3）政府对投保巨灾保险消费者补贴的大小影响保险公司、消费者参与巨灾保险博弈的策略，对消费者补贴越多，消费者越倾向于投保巨灾保险，需求增大，进而正向影响保险公司的经营情况。政府对消费者投保巨灾保险进行补贴，有一定的政策宣传效应。若没有政策补贴，巨灾保险保费对消费者来说价格高昂，不利于在广大消费者群体中推广。市场中的消费者属于信息不对称弱势方，没有政策上的宣传和积极引导，消费者对巨灾保险了解较少，消费者群体的保险保障意识不足，对消费者在巨灾保险需求上有负向影响。因此，政府需要在不影响发挥救灾抢险职能的情况下出台巨灾保险补贴政策，引导消费者关注巨灾保险。

3. 保险公司行为与三方演化策略

保险公司经营巨灾保险付出的成本越高，越会降低其经营保险的积极性。显然，保险公司销售巨灾保险这一产品会在产品设计、费率厘定、产品推广、经营管理等方面付出一定的成本。经营的成本高低取决于巨灾保险市场的发展程度、制度的完善与否以及保险公司自身运营效率的高低。从理论到实践，从政策推出到市场推行，巨灾保险发展需要一定的时间和外部空间。巨灾保险制度发展初期，各项制度安排不够合理，保险公司经营和管理巨灾保险的经验不足，势必会产生额外的成本，不利于保险公司的经营。所以，可以建立巨灾保险管理组织，协助保险公司适应政策变化，加强经营管理。

4. 消费者行为与三方演化策略

消费者面对巨灾风险付出的成本越高，其投保巨灾保险的意愿越强。巨灾风险的发生往往带来的损失较大，影响较广，影响时间较长，比如

2021 年仍在全球范围内蔓延的新型肺炎冠状病毒疫情，极大地影响了人们的生活。单独个体或家庭面对巨灾风险是弱小的，消费者只能基于自身的经济状况应对风险，采取事前购买保险或事后用储蓄渡过难关的措施。但是消费者个人往往不能应对巨灾风险损失带来的影响，付出的成本较大。鉴于自身利益的考虑，消费者投保巨灾保险的意愿会增强。

## 9.2 政策建议

### 9.2.1 完善相关法律法规，明晰政府与市场的定位

（1）突发公共卫生事件巨灾保险制度的运行，必须依靠健全的法律法规的支撑。我国已出台《中华人民共和国突发事件应对法》，《中华人民共和国传染病防治法》以及《突发公共卫生事件应急条例》等相关法律法规，但是关于突发公共卫生事件巨灾保险的法律法规尚未出台。由于突发公共卫生事件巨灾保险属于准公共产品，具有明显的利益外部性的特点，纯商业化运作机制多易发生"搭便车"的现象，极有可能导致市场供需失衡，发生市场失灵现象。因此，利用法律法规可以明确对巨灾保险中政府与市场的角色定位与合作方式、经营范围以及市场各主体的责任与义务。建立与培育政府引导型的突发公共卫生事件巨灾保险运行机制，明确政府主导与市场合作的方式，重点保障市场主体作用，逐步引导个人、企业和保险机构积极主动参与风险管理体系的建设，能有效解决纯商业化运作的弊端，提高公众购买巨灾保险的意愿，从而有效发挥保险的风险分散与转移功能。

（2）突发公共卫生事件巨灾保险制度的运行，必须要利用法律法规实现自上而下的统一监管。健全的法律法规少了行之有效的实施环节，也只能变成一纸空谈。依托于各监管部门，我国政府应加强对保险市场的监管，健全的法律法规不仅要强制规定市场经营主体、经营行为与经营范围，还要对各主体的实施情况进行有效监督与管理，确保保险市场

各主体行为的落实与规范，在突发公共卫生事件巨灾保险人、投保人、被保险人之间实现良性平衡。同时，突发公共卫生事件与饮食、医疗卫生、生态环境保护、宗教、建筑等多个领域息息相关，各相关政府部门应从全局意识出发，制定严格的行业规范并监督其实施情况，如建筑物的合规、饮食的合法等事实，能有效减少损失发生的概率，提高社会应急管理水平。

### 9.2.2　完善巨灾保险风险分散机制，提高保险公司承保能力

（1）建立多层次的风险分散机制。突发公共卫生事件巨灾保险的风险分散机制需要发挥中央政府、地方政府与保险公司的统一协调能力。我国应构建起保险公司主办、政府支持的风险分担机制，中央政府作为地方政府的后备力量，对地方政府进行资金与公共资源的支持与调配，及时保证社会资源充分流动。政府与保险公司之间实行赔付率超额责任分担方式，日本、法国等国家的实践经验充分证明了这一方法的有效性。我国由于各市场主体的发展存在较大的差异，可依据不同保险公司的总体规模、资金总量以及资金周转率等指标，制定不同的赔付率，赔付率范围内由保险公司承担，超过赔付范围由省级政府与县级政府在一定比例上分担。通常来说，县级政府的分担比例要低于省级政府的比例。政府与市场合作分担的方式，不仅能将保险公司的承保风险控制在一定范围内，有效地降低了保险公司的经营压力，而且能大大节约财政资金，避免出现较大的财政赤字，提高了财政资源的利用效率。

（2）建立多形式的风险分散机制。我国资本市场环境与发展水平相比国外存在着较大的差异，巨灾风险证券化的相关理论基础经过 50 多年的发展渐趋丰富与完善，国外基于相关理论基础已建立起巨灾债券、巨灾期货、巨灾期权等相对成熟的非传统风险分散机制，而我国基于资本市场环境、法律缺口与技术障碍等复杂原因，尚未形成健全的巨灾风险证券化机制。2015 年，我国首支以地震风险为保障对象的巨灾债券成功

实现在境外发行，巨灾债券的发展正处于探索阶段，距离成熟阶段还具有一定时间。① 同时，政府主导的巨灾基金也是分散巨灾风险的有效手段之一，且我国已拥有一定的经验与成果。突发公共卫生事件与其他巨灾风险既有相同点，也存在异质性，因此应充分因地制宜，制定与实施突发公共卫生事件巨灾保险机制。突发公共卫生事件不像地震灾害，有具体确切的原因，且通常只在一定范围内造成毁灭性的打击。因此，突发公共卫生事件巨灾基金要计划落实到全国各省区市，各地理邻近区域间要建立起巨灾互助基金，能有效提高救援的效率，同时还要建立规范的基金管理机制与运行机制，防范内部出现市场风险与操作风险。另外，巨灾彩票是聚集社会力量参与巨灾风险分散的重要途径之一，不仅不须依托于资本市场的发展水平，而且还能吸收低收入群众参与巨灾风险的分散，整体运行处于政府与市场的监督下。

### 9.2.3 建立健全融资机制，缓解市场主体压力

（1）对保险主体而言，作为突发公共卫生事件巨灾保险的供给者，承保突发公共卫生事件巨灾保险需要提供一系列的运营与管理成本，且一旦赔付额超过保险人总体承受能力，就面临着流动资金紧缺、资金周转困难等多重挑战。为了促进巨灾保险市场的可持续化发展，政府应利用其体制优势，引导国内金融机构提供融资便利时，可以向世界银行等国际性组织寻求帮助，提供层次丰富的融资主体。同时，政府应及时丰富多维度的融资服务，包括出台相关融资扶持政策、担保与保险等风险缓释机制，引入大数据与人工智能技术，搭建与完善相关融资平台，并监督平台规范化运作，帮助突破其固有的惯性思维，整合人力与物质资源，促进经营管理能力的提升。

（2）对其他社会公众而言，作为突发公共卫生事件巨灾保险的需求

---

① 人民网．我国首只巨灾债券境外成功发行［EB/OL］．http：//finance．people．com．cn/n/2015/0702/c1004 - 27245773．html，2015 - 07 - 02．

者，由于突发公共卫生事件具有传播方式的隐蔽性和高损失性，使得社会各阶层的群体都有遭受重大损失的可能性。突发公共卫生事件可能导致经济生态系统严重破坏，众多中小型企业面临着长时间停工停业的威胁，个人甚至遭受着失去家里经济来源的冲击。稳定可靠的融资渠道能缓解家庭的经济困难。由于个人或家庭融资金额较小，政府除了可以利用财政政策给予社会大众直接经济补贴外，还可以通过引导国有商业银行发放融资补贴，给予社会公众提供低息甚至无息贷款优惠政策。

### 9.2.4　建立有效的激励约束机制，降低经营与消费成本

（1）政府应针对保险公司建立相应的激励机制，参照其他国家的主要手段，主要包括财政补偿与税收优惠两类。政府的财政补偿主要表现为公司经营管理费用的补偿。保险公司与其他金融机构一样，进行日常经营管理都是为了盈利的最终目标。政府出台对保险公司相关经营管理费用的补贴政策，保险公司根据自己真实的运营情况，向相关部门提出申请，能有效降低企业日常经营成本。同时，政府可以利用财政政策，向愿意承保巨灾保险的公司给予税收优惠和减免。政府通过制定规范的税收优惠或减免政策，确定税收优惠或减免的条件、范围、税种以及优惠比例，并依据实施中的现实情况与预期成果不断进行动态调整，提高保险公司的盈利水平，刺激巨灾保险的市场供给，但是免税或抵税对保险公司的吸引力是有限的，不能成为影响保险公司提供巨灾保险产品的最重要因素。

（2）政府可以在财政上给予民众一些保险费补贴，提高公众的承保能力。巨灾保险高风险的性质影响着投保人的保险费用，增加了投保险人现在与预期的经济压力，并且这种成本是用于不确定的、随机性的事件上，对于未真切经历突发公共卫生事件的部分群体来说，需求更小，消费倾向更低。政府根据突发公共卫生事件的影响范围、发生的概率以及损失程度，对公众给予不同比例的优惠政策，提高突发公共卫生事件

巨灾保险的覆盖面积，促进保险的社会保障功能的实现。

（3）保险公司对公众实施有效的激励约束机制。保险公司对于主动采取降低损失措施的投保人或被保险人，采取保费优惠和服务便利的激励措施，鼓励消费者进行自我风险管理。针对公众的激励机制不仅能有效减少道德风险的发生，避免消费者出现保险等于无风险的消极心理，还有利于在全社会范围内养成风险防范意识，进而提高公众风险防范能力。

### 9.2.5 强化政府在巨灾风险管理中的主导地位

（1）推动巨灾风险教育，增强公众风险意识。加大突发性公共卫生事件巨灾风险的教育是降低风险冲突的重要途径，也是进行巨灾风险管理的根本途径。政府应积极推动学校与社区进行巨灾风险教育，灵活采用各种教育形式开展巨灾风险教育，推广巨灾安全文化。同时，积极利用新媒体拓展沟通平台，创新沟通机制，充分利用各类平台引导群体情感，减少突发性公共卫生事件发生时的风险冲突，提高社会协同的有效性。

（2）加快政府改革力度，提高政府公信力。公信力是政府治理和服务社会的客观能力，最终表现为政府对社会的影响力与号召力，体现政府权威性、民主程度、服务程度和法制建设程度，同时反映出社会对政府的满意度和信任度。政府公信力的提升要求政府成为负责任的政府、服务型政府、法治政府和透明政府。提高巨灾风险管理，就必须要推进政府机构改革，提高政府社会治理能力，改善政府形象和效率，增强政府公信力。

（3）建立社区风险治理网络结构，提高多元协调治理能力。社会转型、国家治理现代化目标背景下的巨灾风险治理需要积极发展和引导社会公众参与巨灾风险管理。政府应加快培育和发展专业市场，充分发挥社会组织在巨灾风险治理中的特殊作用，实现巨灾治理由"大政府小社会"向"大政府大社会"转变,从危机管理向风险治理转变。巨灾风险协调治理需要多层次、多中心的协作网络结构体系。当前以政府主导的线性模式和单中心模式均未考虑社区的作用。在风险治理网络中,社区应是最重要的参与主体,因此,政府应着重社区的桥梁作用,充分发挥其连接功能,防止巨灾风险治理出现"孤岛"效应。

### 9.2.6 促进财政金融化,建立市场化融资机制

(1) 加快巨灾融资工具创新,提高风险分散能力。应加快财政金融化制度建设,积极营造巨灾保险的发展环境,加快发展巨灾保险和再保险。通过推动保险市场建设,充分发挥保险在突发性公共卫生事件巨灾风险管理中的社会保障职能和风险分散作用,积极创新融资工具,探索巨灾债券、疫情指数保险、巨灾股票等类型的巨灾风险证券化产品,充分发挥保险产品在资本市场的筹融资功能及损失分散功能,扩大巨灾基金的来源驱动,构建不断扩展的巨灾基金。探索建立全国性和区域性综合巨灾基金或突发性公共卫生事件专项基金,同时建立政府与市场高效协同的巨灾风险管理机制,实现各类风险管理工具协调配合。

(2) 保障巨灾风险投资,提高灾害主动管理能力。积极预防是巨灾风险管理最为有效的风险管理措施。建立政府稳定的预算制度,保证预防灾害投入的制度化,逐渐提高巨灾预防投入在 GDP 中的占比,同时构建多层次多元化的预防投入体系,保障预防投入的社会化,强化灾害预防在规划和投资中的过程管理,将灾害预防纳入城市规划布局、产业发展规划、工程建设与施工之中,提高规划与发展的灾害预防能力。

## 9.3 研究不足与展望

1. 研究不足

关于政府、保险公司与消费者三者间博弈关系的研究是具理论性和

实践性的。本书通过演化博弈的实证检验获得了一些有意义的结论，同时也从中发现不足：

关于数据实证方面，本书选用演化博弈模型是借鉴以往学者的研究方法进行分析，这一方法是借助 Matlab 软件进行数据仿真实验，相关数据是笔者假设的。虽然数据是依据现实情况假设的，但是实证结果还停留在实验阶段，需要实践验证。本书原计划使用巨灾保险相关数据，但是巨灾保险制度并没有建立，相关数据库也没有搭建起来，利用突发公共卫生事件的数据设计巨灾保险以及对产品进行定价的研究思路不能实现，因此缺乏实际数据支持。

## 2. 研究展望

本书的研究还需要进行更深入的探讨，具体包括下面几个方面：

第一，巨灾保险以及保险制度建设近年来已成为学者们的研究热点，但是如何更全面、更有效地落实巨灾保险理论，更好地运用于实际的问题还需要进一步探讨，另外，关于巨灾保险融资机制的研究较少，以及巨灾保险融资机制中关于巨灾风险证券化问题学术界也开始了相关研究，因此还可以进一步探讨。

第二，巨灾保险的相关数据很少，在实证研究政府、保险公司与消费者关系时，虽然演化博弈模型是探讨三者关系最优的选择，但是如果采取问卷调查的形式获得的数据能够更加准确客观地反映巨灾保险的真实情况，因此可以展开实地调查进行深入研究。

# 参考文献

［1］王和，杨牧．巨灾保险助力韧性城市建设［J］．中国金融，2021（1）：54-56.

［2］王和．我国巨灾保险的定位、创新与路径［J］．保险研究，2020（6）：29-40.

［3］王田子，刘吉夫．巨灾概念演化历史初步研究［J］．保险研究，2015（8）：67-79.

［4］栾存存．巨灾风险的保险研究与应对策略综述［J］．经济学动态，2003（8）：80-83.

［5］李全庆，陈利根．巨灾保险：内涵、市场失灵、政府救济与现实选择［J］．经济问题，2008（9）：42-45.

［6］王力．巨灾可转换债券的定价模型研究［J］．保险研究，2018（6）：56-65.

［7］梁昊然．论我国巨灾保险风险证券化制度构建［J］．求索，2013（2）：190-192.

［8］施建祥，邬云玲．我国巨灾保险风险证券化研究——台风灾害债券的设计［J］．金融研究，2006（5）：103-112.

［9］皮天雷，罗伟卿．巨灾风险证券化及我国地震巨灾债券的初步设计［J］．西南金融，2012（2）：49-53.

［10］谢世清，梅云云．巨灾期权的保险精算定价探析［J］．现代财经（天津财经大学学报），2011，31（8）：101-107.

［11］谢世清．论巨灾互换及其发展［J］．财经论丛，2010（2）：71－77.

［12］谢世清．"侧挂车"：巨灾风险管理的新工具［J］．证券市场导报，2009（12）：24－30.

［13］谢世清．或有资本票据探析［J］．中央财经大学学报，2009（11）：20－24.

［14］谢世清．巨灾风险管理中的行业损失担保［J］．财经理论与实践，2009，30（4）：28－33.

［15］谢世清．论巨灾权益卖权及其发展［J］．财经论丛，2009（4）：57－62.

［16］于庆东．灾度等级判别方法的局限性及其改进［J］．自然灾害学报，1993（2）：8－11.

［17］王田子，刘吉夫．巨灾概念演化历史初步研究［J］．保险研究，2015（8）：67－79.

［18］张卫星，史培军，周洪建．巨灾定义与划分标准研究——基于近年来全球典型灾害案例的分析［J］．灾害学，2013，28（1）：15－22.

［19］赵阿兴，马宗晋．自然灾害损失评估指标体系的研究［J］．自然灾害学报，1993（3）：1－7.

［20］任鲁川．灾害损失等级划分的模糊灾度判别法［J］．自然灾害学报，1996（3）：15－19.

［21］田玲，邢宏洋，高俊．巨灾风险可保性研究［J］．保险研究，2013（1）：3－13.

［22］谢家智，陈利．我国巨灾风险可保性的理性思考［J］．保险研究，2011（11）：20－30.

［23］卓志，丁元昊．巨灾风险：可保性与可负担性［J］．统计研究，2011，28（9）：74－79.

［24］雷冬嫦，李加明，周云．基于巨灾风险的可保性研究［J］．经

济问题探索，2010（7）：108－111.

［25］田玲，成正民，高俊．巨灾保险供给主体的演化博弈分析
［J］．保险研究，2010（6）：9－15.

［26］卓志，段胜．中国巨灾保险制度：政府抑或市场主导？——基
于动态博弈的路径演化分析［J］．金融研究，2016（8）：85－94.

［27］刘娜，李玲龙．保险市场与资本市场融合发展的路径及影响研
究［J］．金融研究，2005（7）：137－142.

［28］孙海婧．重大突发公共卫生事件应急响应的协同治理模式研究
［J］．医学与法学，2021，13（2）：1－7.

［29］李方生，赵世佳，张建杰，胡友波．新冠肺炎疫情对汽车产业
的影响及应对举措［J］．科学管理研究，2021，39（1）：51－57.

［30］李继伟，徐丽君，王爽．加快完善我国公共卫生应急管理体系
［J］．宏观经济管理，2021（1）：44－48，64.

［31］朱俊生．农业保险创新的国际经验［J］．中国金融，2016
（8）：59－61.

［32］孙武军，孙涵．巨灾保险市场的均衡影响因素分析——基于演
化博弈模型的研究［J］．中国经济问题，2016（2）：99－111.

［33］黄英君，李江艳．农业巨灾保险行为主体博弈分析及对策研究
［J］．探索，2014（1）：101－104.

［34］陈利，谢家智．农业巨灾保险合作的联盟博弈与模式选择
［J］．保险研究，2013（11）：3－11.

［35］荣幸，王丽珍，骆澎涛．我国巨灾风险损失分担研究——基于
政府和市场的可行性最优分析［J］．当代经济科学，2013，35（1）：
38－48，125.

［36］许闲．中国巨灾保险研究：内容特征与理论视角［J］．财经理
论与实践，2018，39（6）：36－43.

［37］张蕴遐，关恒业．巨灾保险共保体模式适应性的博弈分析

［J］．江西财经大学学报，2016（6）：65－74.

［38］田玲，骆佳．供需双约束下中国巨灾保险制度的选择——长期巨灾保险的可行性研究［J］．武汉大学学报（哲学社会科学版），2012，65（5）：111－118.

［39］官兵．对巨灾风险管理相关问题的探讨［J］．保险研究，2008（10）：56－60.

［40］张宗军．基于公共性基础上的巨灾保险制度研究［J］．保险研究，2008（7）：15－17.

［41］孙淑慧，苏强．重大疫情期医药研究报道质量监管四方演化博弈分析［J］．管理学报，2020，17（9）：1391－1401.

［42］卓志，段胜．中国巨灾保险制度：政府抑或市场主导？——基于动态博弈的路径演化分析［J］．金融研究，2016（8）：85－94.

［43］孙涵．基于演化博弈模型的巨灾保险市场均衡分析［D］．南京大学，2016.

［44］卓志，邝启宇．巨灾保险市场演化博弈均衡及其影响因素分析——基于风险感知和前景理论的视角［J］．金融研究，2014（3）：194－206.

［45］刘水杏，王国军．巨灾保险发展的国际经验［J］．中国金融，2021（1）：56－58.

［46］卢丙杰，朱立龙．突发公共卫生事件下政府应急管理监管策略研究［J］．软科学，2020，34（12）：33－40.

［47］吴昊，龙海明．政策性农业巨灾保险市场的均衡性分析——基于 stackelberg 博弈问题的研究［J］．保险研究，2018（7）：16－29.

［48］陈利．农业巨灾保险运行机制研究［D］．西南大学，2014.

［49］Cummins J D．Should the Government Provide Insurance for Catastrophes？［J］．*Review*，2006，88（Jul）：337－380.

［50］Stigler G J．The Theory of Economic Regulation［J］．*Bell Journal of Economic and Management Science*, 1971, 5.

［51］ Musgrave, Richard A. *Public Finance in Theory and Paractice* ［M］. Mcgraw – Hill Book Company, 1984.

［52］ Lewis C , Murdock K C . *Alternative Means of Redistributing Catastrophic Risk in a National Risk – Management System* ［M］. Financing of Catastrophe Risk, 2009: 51 – 92.

［53］ Paudel, Youbaraj. A Comparative Study of Public—Private Catastrophe Insurance Systems: Lessons from Current Practices ［J］. *The Geneva Papers on Risk and Insurance – Issues and Practice*, 2012, 37 (2): 257 – 285.

［54］ Kunreuther H, Novemsky N, Kahneman D. Making Low Probabilities Useful ［J］. *Journal of Risk and Uncertainty*, 2001; 23 (2): 103 – 120.

［55］ Robert Hartwig, Greg Niehaus, Joseph Qiu. Insurance for Economic Losses Caused by Pandemics ［J］. *The Geneva Risk and Insurance Review*, 2020, 45 (2): 134 – 170.

［56］ Browne MJ, Hoyt RE. The Demand for Flood Insurance: Empirical Evidence ［J］. *Journal of Risk and Uncertainty*, 2000, 20 (3): 291 – 306.

［57］ Başbuǧ, E. B. B. , & Yilmaz, O. Successes and Failures of Compulsory Risk Mitigation: Re – evaluating the Turkish Catastrophe Insurance Pool ［J］. *Disasters*, 2015, 39 (4): 782 – 794.

［58］ Jaffee, D. M. , & Russell, T. Should Governments Support the Private Terrorism Insurance Market? ［J］. *Financier*, 2004, 11/12, 20 – 28.

［59］ Atreya A , Ferreira S , Michel – Kerjan E . What Drives Households to Buy Flood Insurance? New Evidence from Georgia ［J］. *Ecological Economics*, 2015, 117 (SEP. ): 153 – 161.

［60］ Slovic P . The Feeling of Risk : New Perspectives on Risk Perception ［J］. *Energy and Environment*, 2011, 22 (6): 835 – 836.

［61］ Arrow KJ. Uncertainty and the Welfare Economics of Medical Care

［J］. *American Economic Review*. 1963, 53: 941 – 973. Accessed May 8, 2021.

［62］Raschky P A, Schwarze R, Schwindt M, et al. Uncertainty of Governmental Relief and the Crowding out of Flood Insurance ［J］. *Environmental & Resource Economics*, 2013, 54 (2): 179 – 200.

［63］Mark A. Andor, Daniel Osberghaus, Michael Simora. Natural Disasters and Governmental Aid: Is there a Charity Hazard? ［J］. *Ecological Economics*, 2020, 169.

［64］Shinichi Kamiya, Noriyoshi Yanase. Learning from Extreme Catastrophes ［J］. *Journal of Risk and Uncertainty*, 2019, 59 (1).